Kulturelle Identitäten im Zeitalter der Globalisierung

D1727556

1959-2009
Afro-Asiatisches Institut in Wien

Kulturelle Identitäten
im Zeitalter der Globalisierung

Herausgegeben anlässlich des 50-jährigen Bestehens des Afro-Asiatischen Instituts in Wien (AAI-Wien) / www.aai-wien.at

Gesamtkonzept:
Espérance-François Ng. Bulayumi

Bibliografische Information der Deutschen Bibliothek
Die Deutsche Bibliothek verzeichnet diese Publikation in der Deutschen Nationalbibliografie; detaillierte bibliografische Daten sind im Internet über http://dnd.ddb.de abrufbar.

Redaktionsteam:
Espérance-François Ng. Bulayumi und Tanja Schnider

Druck und Bindung: Centa spol. sr.o., 619 00 Brno
Printed in EU

© 2009 aa-infohaus (www.aai-wien.at)
ISBN 978-3-200-01550-0

INHALT

Vorwort

Fünfzig Jahre danach

Herbst 1959. Ich war damals in der 4. Klasse Gymnasium. Die Welt war in Ordnung, so weit das für einen 13jährigen möglich ist. Alles lief wie auf Schiene. Im Schulhof waren wir soeben zur feierlichen Erinnerung an den Abschied des letzten ausländischen Soldaten angetreten („Tag der Fahne"). Erinnerungen stiegen bei dieser Feier auf – wie wir vor russischen Soldaten beim Spielen im Wald davongelaufen sind – nun eben auch schon Geschichte. Die Heimat wieder frei, auch frei von den „Gästen". Das „katholische Milieu", wie es die Soziologie später beschreiben sollte, war voll meine „Heimat". Kirchliche Zeitschriften, fest verankert in der Pfarre, katholische Privat-schule, in der katholischen Jugend aktiv. Und das war gut so, weil richtig. Evangelisch war zwar noch christlich, aber eigentlich schon an der Grenze des Möglichen. Und in dieser für mich klar definierten Heimat war aber schon ein Gärungs- und Reifungsprozess im Gange. „Nach dem Staatsvertrag wurde Österreich mehr und mehr von Studenten aus Afrika und Asien aufgesucht, um zunächst einmal dieses Land, das selbst nie überseeische Kolonien hatte, kennenzulernen. Man wollte einer Kultur begegnen, von der man so viel im Zusammenhang mit den damals zusammenbrechenden Kolonialsystemen gehört hatte. Aus persönlicher Erfahrung und Überzeugung wollte man Utopien über das ferne Europa abbauen und durch konkrete Einsichten ersetzen" (Kardinal König in der Festschrift 40 Jahre AAI-Wien).

Engagierte junge Christen waren damals interessiert, mit diesen Studierenden ins Gespräch zu kommen. Man wusste um die Dringlichkeit ökonomischer Unterstützung, aber man suchte vordringlich *„eine offene Begegnung mit Vertretern anderer Kulturen und Religionen auf akademischer Ebene"* (Kardinal König als ‚Zeitzeuge' in der oben erwähnten Festschrift). Es war vermutlich eine Mischung aus Neugierde, Interesse und Offenheit für andere Ideen und Vorstellungen vom Leben. Im Grunde ging es wohl auch um eine Orientierung – die alte Frage, woher wir kommen und wohin wir gehen. Und wenn man für das Gehirn ungenaue Informationen besitzt, geht man im Kreis. Buchstäblich, so hat es jüngst eine Studie am Tübinger Max-Plank-Institut aufgezeigt. In Sand- oder Schneewüsten geht der Mensch mangels genauer Informationen im Kreis. Das gilt wohl auch für die Lebensorientierung. Ein Ansatz für die Arbeit im AAI: Im Kreis gehen zu verringern durch genauere Informationen: Wer bin ich, wer sind die anderen? Identität suchen, finden, verstehen ...

Wolfgang Welsch *(Vgl. S. 11)* hat mich da zum Nachdenken über mich selber gebracht: Am Abend gehe ich indisch essen, am Sonntag besuche ich ein lateinisches Hochamt, nächstes Wochenende bin ich beim Kalachakra-Ritual des Dalai-Lama in Graz, dann bin ich beim Italiener eingeladen, auf die Feier des chinesischen Neujahres will ich auch gehen ... und auf die Frage, wer ich bin, sag ich, ein Weinviertler.

Alles im Fluss, alles ist möglich, alles gleich gültig. Richtig. Der nächste Schritt: Alles ist gleichgültig? Der Satz von Karl Jaspers „Gleichgültigkeit ist die mildeste Form der Intoleranz" beschäftigt mich schon seit geraumer Zeit.

Die Herausforderungen vor 50 Jahren waren anders. Wenn ich gefragt werde, wo ich arbeite, merke ich immer wieder, dass der Name „Afro-Asiatisches Institut" bei der Generation 35+ einen guten Klang hat. Vordringlich ist wohl, für die nächste Generation diesen Namen zum Klingen zu bringen. Hier ist ein Ort der Begegnung, der genauere Informationen für Lebenslinien bringt. Stipendiatinnen und Stipendiaten erzählen von ihrem Verstehen der Welt. Die Fragen, die das Leben stellt und die Antworten, welche die Religionen unserer drei Gebetsstätten haben, kann man hier hören. Schulklassen begegnen hier auf Augenhöhe Muslimen, Hindus und Christen. Und weil jede echte Begegnung verändert, gehen sie anders in ihre Klassen als sie gekommen sind.

Dank an alle jene, auf deren Schultern wir stehen, die es möglich gemacht haben, dass das Afro-Asiatische Institut in Wien im Jahr 50 nach der Gründung noch besteht. Dank an die, die daran arbeiten, dass es das AAI-Wien auch weiterhin als unverzichtbaren Ort geben kann; und nicht zuletzt denen, die die Beiträge und die Gestaltung dieser Festschrift in Händen hatten.

Wien, im Herbst 2009
Rainer Porstner, Rektor des AAI-Wien

Allgemeine Einleitung

Durch die weltweit elektronische Vernetzung, die globalen Migrations-
ströme sowie die Globalisierung im Allgemeinen ist das, was früher nur
etlichen Eingeweihten und Reisenden vorbehalten war, nämlich die
Begegnung mit anderen Kulturen, Religionen und Sprachen, zur Erfahrung Vieler geworden. Dadurch, meint Welsch in seinem Konzept der
Transkulturalität, entsprechen die heutigen Kulturen nicht mehr den
alten Vorstellungen geschlossener und einheitlicher Nationalkulturen.
Sie sind durch eine Vielfalt möglicher Identitäten gekennzeichnet und
haben zudem grenzüberschreitende Konturen. Der Begriff der Transkulturalität bezieht sich darauf, dass durch Migration und noch mehr
durch die heutige Globalisierung – speziell durch die elektronische
Vernetzung – die alten Konturen der Nationalkulturen durchlässig geworden sind, und sich Staaten übergreifende (= Trans) Kulturen gebildet haben. „Die Kulturen sind hochgradig miteinander verflochten,
durchdringen einander. Die Lebensformen enden nicht mehr an den
Grenzen der Nationalkulturen, sondern überschreiten diese und finden
sich ebenso in anderen Kulturen. Die neuartigen Verflechtungen sind
eine Folge von Migrationsprozessen sowie von weltweiten materiellen
und immateriellen Kommunikationssystemen (internationaler Verkehr
und Datennetze) und von ökonomischen Interdependenzen."[1] Das
Konzept der Interkulturalität hingegen geht nach wie vor von einem traditionellen Kulturbegriff aus. Inter (= dazwischen) -kulturell ist ein Begriff, der von einem *Dazwischen*, also von abgegrenzten Nationalkulturen ausgeht. Von Kulturen, die nach Wolfgang Welsch wie Kugeln
oder Inseln gehandhabt werden. Auf die Gemeinsamkeiten wird viel zu
wenig geachtet, während auf die Unterschiedlichkeit zwischen den
Kulturen hingewiesen wird, die zu Zusammenstößen führt. Diesen
„clash of cultures" gilt es dann in der Folge zu verhindern und durch
den interkulturellen Dialog auf eine Ebene von gegenseitiger Toleranz

---

[1] Wolfgang Welsch (1995): Migration und Kultureller Wandel. Hrsg. vom Institut für Auslands-
beziehungen. In: Zeitschrift für Kulturaustausch, Stuttgart.

und Akzeptanz zu bringen. Diesem Konzept der „zusammenstoßenden Kugeln" ist der Begriff der Transkulturalität gegenübergestellt. Dieser neue Begriff geht a priori mehr von Gemeinsamkeiten aus, gebildet durch die hochgradigen Austauschprozesse zwischen den Kulturen, die heute erfolgen. Was nicht mit Homogenität verwechselt werden darf, denn: „Im Innenverhältnis einer Kultur – zwischen ihren diversen Lebensformen – existieren heute tendenziell ebenso viele Fremdheiten wie im Außenverhältnis zu anderen Kulturen"[2]. Aber eben auch Gemeinsamkeiten transkultureller Art. De facto bedeutet das nach Welsch, dass wir innerhalb von Nationen immer mehr Ausdifferenzierungen von kulturellen Identitäten haben, jedoch im Verhältnis zu anderen Nationen immer mehr transkulturelle Identitäten bzw. Gemeinschaften. Welsch folgert aus seiner Theorie, dass der Begriff der Interkulturalität überholt, weil am alten Kulturbegriff angelehnt ist. Und dass er ein Dilemma mit sich zieht, da er sich auf die Paradigmen von Eigenheit und Fremdheit bezieht, und damit im Vorhinein schon die Zusammenstöße annimmt. Während Transkulturalität auf die bereits erfolgten integrativen Leistungen fokussiert, und sich auf ein vielmaschiges und inklusives, nicht auf ein separatistisches und exklusives Verständnis von Kultur bezieht.

In Anbetracht der Welsch'schen Aussage zum transkulturellen Begriff und ausgehend vom Gründungsauftrag des Afro-Asiatischen Instituts in Wien im Jahre 1959, der die Förderung des interkulturellen und interreligiösen Dialogs vorsieht, hat das Afro-Asiatische Institut in Wien anlässlich seines Jubiläumsjahres 2009 eine Vortragsreihe zum Thema *„Kulturelle Identitäten im Zeitalter der Globalisierung"* und eine Podiumsdiskussion mit dem Titel: *„Inwiefern beeinflussen Religion und Kultur die Identitätsbildung des Menschen?"* durchgeführt. Die Vorträge und ausgewählte Beiträge zur Podiumsdiskussion wurden in dem hier vorliegenden Buch zusammengefasst.

Das Buch gliedert sich in drei Abschnitte. Der erste Abschnitt enthält fünf Beiträge der erwähnten Vortragsreihe. Der zweite Abschnitt beinhaltet zwei Erörterungen, die das Wechselverhältnis von Migration,

---

[2] ebed

Religion und Integration implizit hervorheben. Die eine Erörterung gehört zu der Vortragsreihe, die andere wurde in der Podiumsdiskussion dargelegt. Drei ausgesuchte Statements zur Podiumsdiskussion sind im dritten Abschnitt des Buches gebündelt.

In seinem Vortragsbeitrag „Transkulturalität in der Migrationsforschung" griff Christoph Reinprecht die transkulturelle Debatte unter Bezugnahme auf Einsichten der Migrationssoziologie auf. Er unterstrich dabei, dass der Begriff des Transkulturellen sich auf grenzüberschreitende Formen der Sozialintegration und Identitätskonstruktion, von sozialer und kultureller Praxis bezieht. Bettina Zeugin hat in ihrem Beitrag mit dem Titel: „Transkulturell Handeln – Vielfalt gestalten" versucht aufzuzeigen, dass das Verständnis von Kultur einen entscheidenden Einfluss auf das konkrete Zusammenleben in den heutigen Gesellschaften hat und dass ein zeitgemäßes Verständnis von Kultur einen Beitrag zum friedlichen Zusammenleben leistet. Anhand ihres Vortrages „Kulturelle Identitäten – gegeneinander und gegen die globalisierte Kultur?" stellte Hilde Weiss einige klassische sozialwissenschaftliche Thesen über kulturelle Identität zur Diskussion und zeigte dabei, wie widersprüchlich diese Thematik ist. Hybridität, Mehrfachidentität und Marginalität wurden als Diskussionsimpulse in den Raum gestellt. In seiner Erörterung mit dem Titel „Überschneidungsmöglichkeiten der Parallelwelten Entwicklungspolitik und Interkulturalität" versuchte Hakan Gürses vorhandene Gemeinsamkeiten sowie mögliche Überschneidungspunkte zwischen diesen beiden Theorie- und Praxisfeldern, der Entwicklungspolitik und der Interkulturalität, auszuloten. Der Vortrag beschäftigte sich mit den Fragen nach Strategien für einen besseren Austausch zwischen Entwicklungszusammenarbeit und dem Interkulturellen Dialog. Im Vortrag „Das chinesische Bildungssystem in einer globalen freien Marktwirtschaft" hob Xiuli Jiang die Wichtigkeit der Förderung der Multikulturalität im Bildungswesen hervor. Am Beispiel von China zeigte sie, dass die Öffnung des Marktes in Wirklichkeit die Öffnung des Bildungssystems voraussetzt.

Espérance-François Bulayumi behandelte in seinem Vortrag „Religion in den aktuellen Migrationsauseinandersetzungen" die Religion als Begleiterin der Migration. Er forderte die Versachlichung der Frage nach der Religion in den Debatten über Migration und Integration. Zudem zeigte er auf, dass Migrationsgeschichte zum Teil untrennbar mit der Religionsgeschichte verbunden ist, wodurch hervorgeht, dass Religion als ein mögliches Vehikel zur Integration betrachtet werden kann. „Die Bedeutung von Religion für multiple Identitätskonstruktionen" ist der Titel des Beitrags von Maria Six-Hohenbalken. Ihr Beitrag, dessen Inhalt in der Podiumsdiskussion am 20. Oktober 2009 dargestellt wurde, wurde in ausführlicher Fassung im vorliegenden Buch publiziert. Anhand von konkreten religiösen Strömungen der Zugewanderten deutete sie an, dass multiple fluide Identitätskonstruktion sowohl auf ethnischer, nationaler und/oder religiöser Zugehörigkeit als auch auf einer Politik des Ausschlusses basieren.

Die Mitwirkenden bei der Podiumsdiskussion, deren Statements zum Teil den dritten Abschnitt dieser vorgelegten Schrift ausmachen, sind hier namentlich mit den Titeln ihrer jeweiligen Beiträge erwähnt. Das Statement von Stella Assiimwe trug den Titel „Identitätsfindung im Zeitalter der Globalisierung". Carlos Toledo sprach über „Dezentrale Identität". „Work in progress statt Ich" bezeichnete Özge Tomruk ihren Ansatz bei der Podiumsdiskussion.

Einführende Aussagen von dem in Wien wirkenden buddhistischen Mönch Wijayara Seelawansa und dem katholischen Priester und Hochschulseelsorger Helmut Schüller bei der Podiumsdiskussion „Inwiefern beeinflussen Religion und Kultur die Identitätsbildung des Menschen?" wurden als abschließende Worte der Schrift „1959-2009 – Afro-Asiatisches Institut in Wien / Kulturelle Identität im Zeitalter der Globalisierung" übernommen. Wijayara Seelawansa hob den Respekt der Tradition des Anderen für eine gelungene Koexistenz der Kulturen hervor und Helmut Schüller unterstrich in gleicher Weise ethische Grundwerte, welche eine reale Basis umfassender Gemeinsamkeit der Religionen und Kulturen ausmachen.

Abschnitt 1

Transkulturalität

Migration – Integration

Migration – Bildungszusammenarbeit

Christoph Reinprecht

Transkulturell – mehr als ein Schlagwort?
Migrationssoziologische Reflexionen

Hinführung

Der Ausdruck „transkulturell" verweist auf grenzüberschreitende Praktiken von Vergesellschaftung. Mit Grenzen sind die institutionellen Einfassungen jener Machträume gemeint, die in herkömmlicher Weise als „National-Staat" bezeichnet werden; Vergesellschaftung bezieht sich auf die Einbindung in soziale Zusammenhänge. National-Staaten beruhen auf zwei unterschiedlichen Logiken der Sozialintegration: Liegt die Betonung auf national, dominiert die Logik der Assimilation, der (häufig zwangsweise durchgesetzten) Einschmelzung des Anderen. Liegt die Betonung auf Staat, überwiegt die Logik der administrativen Inkorporation, die mit ethnisch-kulturellem Pluralismus nicht zwingend in Widerspruch steht.

Die zeitgenössische Sozialtheorie konstatiert einen Bedeutungsverlust von Nationalstaat als Raum sozial-politischer Bewältigungsbefähigung und sozial-kultureller Identitätsbildung. Präziser sollte es heißen, dass sich in der „postnationalen Konstellation" (Habermas) Nation und Staat voneinander entkoppeln. Saskia Sassen spricht von *„globalen Assemblagen"*, in denen sich das Verhältnis von Territorium, Autorität, Recht aus der historisch kontingenten Verfasstheit nationalstaatlich definierter Exklusivität löst. Grenzen und Institutionen existieren weiter, und Macht/Autorität und Recht bedürfen zwar der Legitimation, um Geltung zu erlangen, aber nicht notwendigerweise des ideologischen Konstrukts der Nation als ‚gewollte' oder ‚vorgestellte' Gemeinschaft.

In meinem Text greife ich diese Debatte unter Bezugnahme auf eigene Forschungen aus dem Bereich der Migrationssoziologie auf. Ich

entwickle meine Argumentation in Form von vier Thesen, die schließlich jenen Kontext umreißen, der heute mit dem Präfix „trans" versehen
wird und in dem, wie argumentiert werden soll, eine Art transkulturelle
Pragmatik der Begegnung an die Stelle des (interkulturellen) Fremdverstehens tritt. Den Abschluss bildet ein knapper Blick auf Einsichten
aus eigener empirischer Forschung.

*These 1. Das Verschwinden des Multikulturalismus markiert den
Beginn der Moderne*

Nach einem Gedanken von Ernest Gellner (1991) „beansprucht das
moderne industrielle Zeitalter trans-ethnisch zu sein und setzt insofern
die Überwindung von Multikulturalität voraus" (Reinprecht 1994: 17).
Multikulturalität bezeichnet hier das unverbundene Nebeneinander
ethnisch-religiöser Entitäten im feudalen Staat, in dem die herrschen-
den Schichten die „Übertreibung" (Gellner) kultureller Differenzen als
Mittel zur Machtausübung einsetzen. Erst im aufkommenden Industria-
lismus entziehen Mobilität und rascher sozialer Wandel dieser eth-
nisch-multikulturellen Ständegesellschaft mit ihrer Vielfalt von nebeneinander existierenden, sich auf sich selbst beziehenden und jeweils
über eine relative Autonomie verfügenden Segmente ihre Existenz-
grundlage.

Das Verschwinden des Multikulturalismus markiert so gesehen den
Beginn der Moderne. In der industriegesellschaftlichen Moderne treten
Sprache und Kultur an die Stelle von Religion und Ethnizität. Dienen
Religion und Ethnizität der Vergemeinschaftung, schaffen Sprache und
Kultur binnenübergreifende Möglichkeitsräume der Vergesellschaftung. An die Stelle der auf Gleichheit beruhenden segmentären Integration treten differenziertere Formen des sozialen Zusammenhalts,
welche es den Einzelnen ermöglichen, als handlungsbefähigte Individuen aus den traditionellen Verpflichtungszusammenhängen heraus-
zutreten. Um sich als Individuum zu behaupten, sind nicht mehr Herkunft oder andere zugeschriebene Attribute entscheidend, sondern die
Fähigkeit, auf dem Markt zu reüssieren.

These 2. Nationalkulturen markieren Glanz und Elend der europäischen Moderne

Die Durchsetzung des modernen Kapitalismus geschieht nicht losgelöst von der Etablierung des Nationalstaats und dessen zivilgesellschaftlicher Fundierung. Mit der Herausbildung einer autonomen Öffentlichkeit schafft sich das (besitzende und produzierende) Bürgertum das Instrument zur Formulierung eines normativ konstruierten „Gemeinwillens". Die Herstellung von rechtlichen Normen ist vom Bemühen getragen, dass alle, die am Markt teilhaben, über gleiche Chancen verfügen. So heißt es im ersten Artikel der Erklärung der Menschenrechte in der Fassung von 1789: „Die Menschen sind und bleiben von Geburt an frei und gleich an Rechten". Indem Freiheit und Gleichheit als ein von Geburt an gegebener Rechtsstatus vorgestellt werden, wird der in die Welt gesetzte Mensch erstmals substantiell als soziales Wesen gedacht. Da Rechtsnormen aber immer an den zivilgesellschaftlichen Kontext ihres Aushandelns rückgebunden sind und sich auf einen sozialen Raum Gleicher beziehen müssen, um Geltung erlangen zu können und einklagbar zu sein, sind die Menschenrechte ursprünglich als Bürgerrechte formuliert; hier liegt ihre Janusköpfigkeit und Exklusivität.

Formalisierung und Verrechtlichung der sozialen Beziehungen sind elementare Vorgänge der Modernisierung, nicht weniger als die Austauschbarkeit der Personen und der Güter über das Medium Geld. All dies vollzieht sich im Kontext der sich herausbildenden (modernen) Nationalstaaten. Der Nationalstaat wird zu jenem Körper, in dem sich die Gesellschaft (der Bürger) im Sinne des französischen Nationsbegriffs selbst setzt. Die über Formen öffentlicher Verständigung vollzogene Setzung von Recht und Ordnung ist dabei eng verbunden mit der Setzung des Ich. „Das Ich setzt sich", formulierte Fichte im frühen 19. Jahrhundert. Zwischen der Setzung des bürgerlichen Gesellschaftsideals und der Setzung des bürgerlichen Ich, von Individualität, besteht ein keineswegs nur oberflächlicher Zusammenhang: Beide Identitätssetzungen bedürfen eines strukturierten, klar definierten, entlokalisierten und kul-

turell homogenisierten sozialen Raums. Die Etablierung staatsbürger-
licher Freiheitsrechte und die Entfaltung von persönlicher Individualität
setzen die Überwindung von althergebrachten Partikularkulturen und
primordialen Bindungen voraus.

Der Nationalstaat verpflichtet und fixiert seine Bevölkerung auf eine
einheitliche homogene Kultur. Erlangt eine Nationalkultur hegemoniale
Kraft, so ließe sich in Anlehnung an Armin Nassehi formulieren, bedeutet dies gleichzeitig, dass bestimmte Fragen nicht mehr gestellt werden. Eine stabile Nationalkultur verhindert die Vorstellbarkeit der Exis-
tenz anderer Kulturen, wodurch „Kontingenz betont und nicht wegge-
arbeitet wird. Insofern muss man in paradoxer Weise sagen, dass stabile Kulturen letztlich keine Kulturen sind" (Nassehi 2008, 151). Dieses
Paradoxon bildet ein zentrales Merkmal der von Zygmunt Bauman
(1992) beschriebenen „Dialektik der Ordnung": Zwangsweise Assimilation und Unterwerfung von Minderheiten, Genozid und Holocaust
wirkten nicht von außen auf die nationalstaatlich verfasste Moderne,
sondern entfalteten ihre barbarische Kraft aus ihrem Inneren heraus.

*These 3. „Methodologischer Nationalismus" als Prämisse der moder-
nen Sozialwissenschaften*

Die Institutionalisierung der Sozialwissenschaften steht im Zusammenhang mit der Herausbildung der modernen Nationalstaaten und deren
Bedürfnis nach Problemlösung und gesellschaftlicher Selbstbestim-
mung. Sei es in der Definition von Gesellschaft als Drittstandsbegriff
(Erhebung des Bürgertums gegen den Hof) oder als Sozialsystem mit
der Fähigkeit zur reflexiven Selbststeuerung: In einem Großteil der
sozialwissenschaftlichen Literatur wird Gesellschaft bzw. „das Soziale"
mit dem Nationalen in Deckung gebracht (Albrow 1998). Diese zumeist
unhinterfragt vorgenommene Gleichsetzung von Gesellschaft und Nationalstaat wird seit Anthony D. Smith (1991) als methodologischer
Nationalismus bezeichnet. Dieser Prämisse folgend erscheinen Nationalstaaten als *„the natural social and political form of the modern
world"* (Wimmer/ Glick Schiller 2002: 301). Wimmer und Glick Schiller

identifizieren in der sozialwissenschaftlichen Literatur drei Formen von methodologischem Nationalismus: Dem Phänomen wird keine Aufmerksamkeit geschenkt („Ignoranz"); der Nationalstaat wird als quasi natürliche Einheit betrachtet („Naturalisierung"); Gesellschaft wird als ein räumlich abgesteckter Raum gedacht („Territorialisierung"). Die lange Zeit vorherrschende Sichtweise, Gesellschaft als Container mit nationalkulturell assimilierter und territorial fixierter Bevölkerung zu betrachten und zu analysieren, fördert eine der nationalstaatlichen Logik gegenüber affirmative Forschungspraxis. Transnationale Prozesse von Vergesellschaftung werden infolgedessen systematisch unterschätzt, ausgeblendet oder als Abweichung und ein zu korrigierendes „soziales Problem" bewertet.

Der deutsche Soziologe Ulrich Beck war unter den ersten, die beobachteten, dass im Zuge der „zweiten Moderne" die scheinbar natürliche Einheit von Nation, Staat und Gesellschaft aufreißt, womit (wieder) in den Blick gerät, was in nordamerikanischen Einwanderungsstädten *Dazwischener* heißt. Dazwischener meint nicht „marginal man", Entwurzelung und Entfremdung, sondern unterstreicht die Einsicht, dass erst aus der Akzeptanz der Zwischen- und Mischlage, des Nicht-Identischen und Undefinierten, des Unzugehörigen, als Ausdruck weitreichender sozialer und geographischer Mobilitätsprozesse, das sensible, immer wieder neu zu definierende Verhältnis von Freiheit und Solidarität neue Gestalt wird gewinnen können. Wie Ulrich Beck in seiner Schrift „Die Erfindung des Politischen" formuliert, gelte es das „Und" an die Stelle des „Entweder/Oder" zu setzen (Beck, 1993, 9). Das Beck'sche „Und" wird zum Leitbegriff des Transkulturellen. Es steht für Synkretismus, Metissage, Hybridbildung, Gemengelage, wo die einzelnen Teile des Gemenges – die einzelnen „Kulturen" – keine Essenz besitzen, sondern nur als Konstruktionen gedacht werden können. Auf die entscheidende Frage ist freilich eine Antwort noch zu geben: Unter welchen Bedingungen ist eine habituelle Verankerung dieses „Und" möglich?

These 4. Transkulturelle Pragmatik der Begegnung anstelle von (Fremd)Verstehen

Nach Saskia Sassen (2008) besteht die Mächtigkeit des Nationalstaats in ihrer historisch kontingenten, aber dauerhaft und erfolgreich institutionalisierten, ideologisch aufgeladenen und idealisierten Verknüpfung von Gesellschaft, Staat und Nation. Dabei ist bedeutsam, dass die einzelnen Dimensionen jeweils spezifische Formen der Sozialintegration beschreiben, die in einem nicht unerheblichen Spannungsverhältnis zueinander stehen, welches die „Pathologien der Moderne" (Honneth) nährt: Gesellschaft bzw. Vergesellschaftung bezieht sich auf die sozialisierende Einbindung in interdependente soziale Zusammenhänge; Staat auf den Vorgang bürokratisch-rechtlicher Inkorporierung; Nation auf den Prozess vergemeinschaftender Einschmelzung und Identitätskonstruktion. Was Globalisierung genannt wird, kann als ein Prozess der Entkoppelung dieser drei Dimensionen und Integrationsformen interpretiert werden: Der Staat als institutionelles Regelwerk behält seine Mächtigkeit (Recht, Autorität, Territorium), aber er definiert weder Lebensform noch Identität. Es wird sichtbar, dass sich Prozesse der Vergesellschaftung nicht nur innerhalb der künstlich aufgezogenen Containergrenzen, sondern dazu querliegend entfalten – in *„social fields that cross geographic, cultural and political borders", charakterisiert durch eine „multiplicity of involvments that transmigrants sustain in both home and host countries"* (Basch et al 1994: 6). Das Konstrukt der Nation und dessen Ideologie (Vergesellschaftung vollzieht sich über Vergemeinschaftung) wird kulturell und symbolisch entleert.

In der neueren sozialwissenschaftlichen Literatur wird dieser Prozess der Entkoppelung von Gesellschaft, Staat und Nation in Begriffen wie „Kosmopolitismus" oder „Transnationalismus" reflektiert. Das Präfix „trans" verweist auf eine Veränderung von Mobilität, Kulturalität und Identität. Trans-Mobilität beschreibt nicht nur die allgemein zunehmende, sondern die verstärkt zirkulären Formen von Wanderung mit geteilten Haushalten, Rücküberweisungen und hybriden Lebens- und Arbeitsorientierungen. Trans-Kulturalität reflektiert die Bedeutung von

Mehrsprachigkeit und kulturellen Gemengelagen sowie von transnationalen sozialen Netzwerken und Infrastrukturen. Trans-Identität unterstreicht den erhöhten Stellenwert von multipler lokaler, nationaler und transnationaler Verbundenheit und Identität; die Frage der Zugehörigkeit löst sich (auch in politischer Hinsicht) vom Modell der nationalstaatlichen Bürgerschaft ab.

Solange Individuen als Repräsentation nationaler Kulturen, Praktiken, Mentalitäten typisiert werden, kristallisiert sich im Typus des Migranten die Erfahrung von Unzugehörigkeit und Fremdheit, während die grenzüberschreitende Begegnung interkulturell, das heißt am (Fremd)-Verstehen orientiert bleibt. In den postnationalen Assemblagen der Gegenwart tritt an die Stelle des Fremdverstehens die transkulturelle Pragmatik der Begegnung. Die *Topoi* der transkulturellen Epoche sind weder Kulturvermittlung noch Fremdverstehen, sondern Verhandlung und Übersetzung (vgl. Bhabha 1995). Die Anforderung an Mobilität und Migration sind nicht länger Assimilation, sondern situationale Identitätskonstruktion und die Befähigung zu „operativer Aneignung" (Bhatti 2005) von sich verändernden Umweltbedingungen.

Zum Abschluss: Einige Einsichten aus eigener empirischer Forschung

Die sozialwissenschaftliche Migrationsforschung hat lange Zeit Migration als einen unidirektionalen und irreversiblen Prozess konzeptualisiert, als eine permanente Verlagerung des Lebensmittelpunktes zwischen zwei nationalstaatlich verfassten Gesellschaften, die zugleich einen radikalen Schritt weg von der Herkunftsgesellschaft sowie eine Assimilation an die Bedingungen der Aufnahmegesellschaft erfordert. Die Entscheidung zur Auswanderung, so die Annahme, impliziert nicht nur die Bereitschaft zu räumlicher Mobilität, sondern zu einem Wechsel des kulturellen und Gesellschaftssystems. Migration gilt deshalb als ein schmerzhafter und über mehrere Generationen reichender Prozess, schmerzhaft, weil er Entfremdung von der verinnerlichten Herkunftskultur impliziert, generationsübergreifend, weil die

Inkorporierung der Neuhinzukommenden auf Widerstände in der Aufnahmegesellschaft stößt, die zumeist erst in der zweiten oder gar dritten Generationenfolge überwunden werden können. Die herkömmlichen Basiskonzepte der Migrationsforschung wie Integration, Akkulturation und Assimilation folgen diesem Verständnis von Migration als Projekt definitiver Auswanderung, welches seinen Abschluss findet, sobald die Neuzugewanderten in der Mehrheitsgesellschaft aufgehen, gewissermaßen *unsichtbar* werden.

An einem Beispiel aus eigener empirischer Forschung zur Lebenssituation von älteren ArbeitsmigrantInnen der ersten Generation sei die Notwendigkeit eines Perspektivenwechsels aufgezeigt. In der empirischen Migrationsforschung wird Integration üblicherweise als ein Konzept definiert, das die Dimensionen Platzierung (z.B. Position am Arbeitsmarkt), Interaktion (z.B. Sozialkontakte), Kulturation (z.B. Sprachkenntnisse) sowie Identifikation umfasst (vgl. Esser 2004). Nach dem klassischen Assimilationsmodell bildet der identifikatorische Shift von der Herkunfts- zur Aufnahmegesellschaft einen bedeutsamen Marker für Integration. Im Spiegel der empirischen Ergebnisse zeigt sich jedoch ein erstaunlich hartnäckiges Fortbestehen von doppelten Bindungen (Details zur Forschung siehe Reinprecht 2006). Die Frage, ob sie sich dem Herkunftsland innerlich zugehörig fühlen, bejahten 69 Prozent von 230 befragten älteren Personen aus Ex-Jugoslawien und der Türkei; die gleiche Frage bezogen auf das Zielland Österreich bejahten 60 Prozent. Erstellt man eine Typologie verschiedener Identitätslagen (Doppelzugehörigkeit, assimilatorische und herkunftslandbezogene Zugehörigkeit, Unzugehörigkeit) können 39 Prozent der Befragten der Kategorie Doppelzugehörigkeit zugeordnet werden. 22 Prozent können als assimiliert, 30 Prozent als herkunftslandbezogen und 10 Prozent als unzugehörig charakterisiert werden.

Ausgehend von der herkömmlichen Literatur könnte dieses Ergebnis als Ausdruck noch nicht ausreichender Integration interpretiert werden, neuere Ansätze würden die Doppelzugehörigkeit als Ausdruck einer hybriden Identität werten. Ich würde eine andere Deutung vorschlagen und die in den Interviews manifeste Doppelzugehörigkeit mit der vorhin angesprochenen Strategie „operativer Aneignung" in Verbindung bringen. Migration löst nicht zwingend die Bindung zum Herkunftsland auf und erzeugt keineswegs automatisch Nähe zum Zielland. Es sind verschiedene emotionale und identifikatorische Realitäten möglich, plausibel und lebbar, nicht zuletzt aufgrund der in Migrationsbiographien gestärkten Befähigung, Identität situativ zu erzeugen und Lebensbedingungen pragmatisch anzueignen.

Bibliographie

Albrow, Martin (1998). Abschied vom Nationalstaat. Staat und Gesellschaft im Globalen Zeitalter. Frankfurt am Main.

Basch, Linda / Glick Schiller, Nina / Blanc-Szanton, Cristina (1994): Nations Unbound. Transnational projects, postcolonial predicaments and deterritorialized nation-states. Amsterdam.

Bauman, Zygmunt (1992): Die Dialektik der Ordnung. Die Moderne und der Holocaust. Hamburg.

Beck, Ulrich (1993): Die Erfindung des Politischen. Frankfurt/Main.

Bhaba, Homi K. (1995): The Location of Culture. London.

Bhatti, Anil (2005): Aspekte gesellschaftlicher Diversität und Homogenisierung im postkolonialen Kontext. Anmerkungen aus Indien. In: Wolfgang Müller-Funk/ Birgit Wagner (Hg.), „Postkoloniale" Konflikte im europäischen Kontext. Wien, 31-47.

Esser, Hartmut (2004): Welche Alternativen zur „Assimilation" gibt es eigentlich? In: Klaus J. Bade / Michael Bommes (Hg.), Migration-Integration-Bildung. Imis-Beiträge, Heft 23, 41-60.

Gellner, Ernest (1991), Nationalismus und Moderne. Berlin: Rotbuch.

Habermas, Jürgen (1996): Die postnationale Konstellation. Frankfurt am Main.

Nassehi, Armin (2008): Soziologie. Zehn einführende Vorlesungen. Wiesbaden.

Reinprecht, Christoph (2006): Nach der Gastarbeit. Prekäres Altern in der Einwanderungsgesellschaft. Wien.

Reinprecht, Christoph (1994): Zivilisationstheorien und Multikulturalität. In: IWK-Mitteilungen Heft 3, 17-20. Wien.

Sassen, Saskia (2008): Das Paradox des Nationalen. Frankfurt/Main.

Smith, Anthony D. (1991): National Identity. Harmondsworth.

Wimmer, Andreas / Glick Schiller, Nina (2002): Methodological Nationalism and Beyond: nation-state building, migration and the social sciences. In: Global Networks, 4, 301-344.

Bettina Zeugin

Transkulturell Handeln – Vielfalt gestalten

Begriffskombinationen mit der Silbe „trans" sind derzeit hip: In aktuellen Publikationen und Fachdiskussionen stoßen wir immer öfter auf die Bezeichnungen *Transnationalismus*, *Transsexualität* und eben auch *Transkulturalität* oder *transkulturelle Kompetenzen*. Verständlicherweise stellt sich die Frage, ob es sich dabei lediglich um eine Modeerscheinung aus dem Elfenbeinturm der Wissenschaft handelt, oder ob ein anderes Konzept hinter diesen Begriffsveränderungen steht, das auch für die Praxis relevant ist. Die ersten Begriffe lasse ich hier auf der Seite; hingegen soll im Folgenden aufgezeigt werden, dass mit den Begriffen *Transkulturalität* und *transkulturelle Kompetenzen* eine neue Sichtweise eingenommen wird. Diese neue Perspektive fördert das friedliche Zusammenleben in unserem Alltag und auf der Welt.

Kulturdebatte als Folge der zunehmenden Vielfalt

Ein italienischer „*Secondo*" (Angehöriger der zweiten Generation von MigrantInnen) sitzt als Lehrer tamilischen Eltern gegenüber. Eine philippinische Krankenschwester betreut eine Wöchnerin, die aus dem Kosovo stammt. Eine feministische Sozialarbeiterin vermittelt im Konflikt zwischen einer Jugendlichen und deren muslimischem Vater. Solche kulturübergreifenden oder transkulturellen Interaktionen gehören in unserer Gesellschaft zum Alltag, denn das Leben wird zunehmend globaler. Die Mobilität und damit die Vielfalt an Lebensformen hat zugenommen: Menschen mit unterschiedlichen Lebensstilen, religiösen Glaubensrichtungen, Kommunikations- und Verhaltensweisen leben und arbeiten neben- und miteinander.

Die meisten Begegnungssituationen in unserer vielfältigen Gesellschaft verlaufen spannungs- und konfliktfrei. Die unterschiedlichen lebensweltlichen Hintergründe, Sprachen und Alltagspraktiken können jedoch auch zu Konflikten und Missverständnissen führen. Zum Beispiel auf der individuellen Ebene: Wenn sich der einheimische Patient von der philippinischen Pflegerin schlecht behandelt fühlt. Oder auf gesellschaftlicher Stufe: Wenn zum Beispiel Diskussionen über religiöse Symbole, wie das Kopftuch oder das Minarett, im öffentlichen Raum entstehen. Konflikte sind per se nichts Negatives. Soziale Auseinandersetzungen innerhalb einer Gesellschaft sind Ausdruck der aktiven Beteiligung verschiedener Interessengruppen am Staat oder an einem Gemeinwesen. Und oft sind Kontroversen auch Motoren gesellschaftlicher Entwicklung. Diese Auseinandersetzungen müssen ernst genommen und möglichst konstruktiv für alle Beteiligten gelöst werden. Diesem Prozess sind das transkulturelle Verständnis und transkulturelle Kompetenzen sowohl bei der zugewanderten als auch bei der einheimischen Bevölkerung förderlich.

Wichtig ist in diesem Zusammenhang die Feststellung, dass die gesellschaftliche Vielfalt nicht nur eine Folge der Zuwanderung ist, sondern dass sich auch ohne Migration die Werte und Normen der einheimischen Bevölkerung verändern. Das Internet, wirtschaftliche und politische Veränderungen sowie die demographische Entwicklung tragen entscheidend zum Wandel bei. Die Migration wirkt zusätzlich als intensivierendes und beschleunigendes Element.

Dass Diskussionen über Kultur heute wieder aktuell sind, liegt neben der zunehmenden Vielfalt an der allgemeinen Verunsicherung. Gerade in der heutigen Zeit, in der unser Leben immer komplexer und zusätzlich durch Krisen erschüttert wird, gewinnen Konzepte an Bedeutung, die vermeintlich Klarheit und Ordnung schaffen. Es ist verlockend, wenn klare Grenzen gezogen werden können, wer und was zu einer Kultur gehört und wer ausgeschlossen bleibt und wenn Sündenböcke für Krisen gefunden werden. Eine einladende Vorstellung, wenn alles fassbar wäre, was einen Österreicher, eine Schweizerin, einen Vietnamesen oder eine Nigerianerin auszeichnet.

Eines der wichtigsten Konzepte, das auch heute noch zur Vereinfachung und Abschottung missbraucht wird, ist dasjenige der Kultur (Wicker, 2002). Der Kulturbegriff – und vor allem der veraltete, statische – diente und dient leider immer noch dazu, die Menschen einzuordnen und somit voneinander abzugrenzen. Damit erscheint die Welt ordentlich und sie folgt einer festen und nachvollziehbaren Logik. Dieser Verlockung erliegen die Menschen in allen Teilen der Welt.

Diese Ein- und Ausgrenzungsmechanismen sind jedoch kein neues Phänomen, sondern sie bilden gleichsam eine historische Konstante. Bereits die Römer sprachen sich selbst Kultur zu und stempelten alle anderen Völker zu Barbaren ab. Im Mittelalter war vor allem die soziale Grenze bestimmend, und lediglich der Oberschicht war Kultur vorbehalten. Weiterhin in den Köpfen verankert ist leider auch das Kulturverständnis, das den Kolonialismus definierte: Kultur besaßen demnach die Invasoren, die den „primitiven, naturnahen" Völkern Kultur aneigneten – höher gewertete Kultur wurde vermeintlich einfacher vorangestellt. So brachte jede historische Epoche ihr eigenes Kulturverständnis hervor, das sich an die jeweiligen Realitäten und Herrschaftsverhältnisse anlehnte. Auch der heutige Kulturbegriff oder besser die Vorstellung von Kultur passt sich den heutigen Begebenheiten an. Um den Veränderungen auf der Welt begegnen zu können, braucht auch unsere Epoche ein zeitgemäßes und zukunftsweisendes Verständnis von Kultur.

Das dynamische, transkulturelle Verständnis von Kultur

Die wichtigste Grundlage des transkulturellen Ansatzes bildet der Kulturbegriff. Ältere Ansätze verwenden meist ein statisches Kulturmodell. Demnach grenzen sich Kulturen als festgefügte, historisch gewachsene Gemeinschaften gegeneinander ab. Wie Kugeln prallen sie aufeinander, Überschneidungen und Vermischungen kultureller Praktiken sind nicht oder kaum möglich. Diese Vorstellung ist noch in vielen Köpfen verankert. Transkulturalität beschreibt demgegenüber ein dynamisches Verständnis von Kultur. Dieses grenzt Kulturen nicht mehr gegeneinander ab, sondern betont, dass Kulturen veränderbar, fließend und nach außen hin nicht abgeschlossen sind. Kultur ist daher ständig in Bewegung, ohne feste Grenzen und muss immer wieder neu definiert werden. Dieses Übergreifende, Fließende und Verbindende zwischen den Kulturen wird mit dem Begriff der Transkulturalität betont. Auch wenn bereits das Konzept der Interkulturalität von einem dynamischen Kulturverständnis ausgeht, verweist die Silbe „inter" auf eine Kommunikation zwischen zwei abgegrenzten Polen. Damit bleibt das Kugelmodell in den Köpfen präsent, was den Blick auf Gemeinsames und Verbindendes verstellt. Gleiches lässt sich für den Begriff der Multikulturalität festhalten.

Beim transkulturellen Ansatz zeichnen sich Kulturen zusätzlich durch eine innere Vielfalt aus. Jedes Individuum besitzt eine Vielzahl von soziokulturellen Prägungen. Die kulturelle Herkunft einer Person ist damit lediglich ein Aspekt unter vielen anderen – wie zum Beispiel Geschlecht, sozialer Status, religiöse Orientierung, politische Einstellung –, welche die Identität ausmachen. Stärker als bei anderen Ansätzen wird der Blick auch auf weitere Aspekte, wie zum Beispiel die Machtverhältnisse oder auch den Umgang mit den eigenen Erfahrungen und Vorurteilen, gerichtet. Das Individuum – sein Denken und Handeln in einem bestimmten sozioökonomischen Kontext – steht im Zentrum. So können die beschränkten finanziellen Verhältnisse einen möglichen Grund dafür darstellen, dass eine Schülerin nicht an der Klassenfahrt teilnehmen darf, obwohl offiziell kulturelle Argumente vorgebracht oder vermutet werden.

Transkulturelle Kompetenzen stellen heute eine Schlüsselkompetenz dar. Benötigt werden nicht grundsätzlich neue Fähigkeiten, aber teils werden neue Aspekte aufgegriffen, teils die Schwerpunkte woanders gelegt. Konkret bedeutet dies: Vor dem Hintergrund des dynamischen, handlungsbezogenen Verständnisses von Kultur werden die Gemeinsamkeiten, das Kulturübergreifende und nicht das Trennende zwischen den Menschen ins Zentrum gestellt. Beispielsweise besteht die Gemeinsamkeit bei Eltern aus allen Teilen der Welt und sozialen Schichten darin, dass sie am Wohl ihrer Kinder interessiert sind. Nur ist die Vorstellung darüber, was dies genau beinhaltet und wer für welchen Anteil die Verantwortung trägt, sowohl aus kulturellen als auch individuellen Gründen nicht immer identisch und muss in einer Konfliktsituation zunächst geklärt werden. Ein dynamisches Verständnis von kultureller und individueller Identität bedeutet, dass Kulturalisierungen und Stereotypisierungen, also feste Zuschreibungen von Verhaltensweisen, vermieden werden. Aus welchen Gründen ein muslimischer Vater aus der Türkei das Verhalten seiner Tochter, die einen österreichischen Freund hat, missbilligt, bedarf der Nachfrage und darf nicht einfach als kulturspezifisch vorausgesetzt werden.

In Alltags-, aber auch in Konfliktsituationen ist die Kompetenz gefordert, Unterschiede respektieren zu können. Die Offenheit und der Respekt für andere Werte und Grundhaltungen bilden dafür die Voraussetzung. Wenn eine feministische Sozialarbeiterin nicht akzeptieren kann, dass eine junge Migrantin auch mit der Perspektive, als Haus-frau zu arbeiten, zufrieden ist, dann ergeben sich in der Beratung große Schwierigkeiten. Deshalb bildet in der transkulturellen Begegnung die Bereitschaft zur Auseinandersetzung mit den eigenen Werten, Einstellungen und Lebensweisen sowie mit eigenen Erlebnissen von Fremdheit und Nichtverstehen eine wichtige Voraussetzung. Nur so kann der eigene Standpunkt, der auch in komplexen Situationen konstruktiv eingebracht werden muss, reflektiert und schließlich geklärt werden.

Transkulturelle Verständigung ist nie einseitig, sondern ein interaktiver Akt. Den Ausgangspunkt bilden die Gemeinsamkeiten und Ressourcen aller Beteiligten, nicht ihre Defizite. Der transkulturelle Ansatz ermöglicht eine neue Sichtweise auf Kulturen, auf Kommunikation und Dialog. Er stellt deshalb nicht nur eine theoretische Spielerei dar, sondern leistet einen wichtigen Beitrag zur Verständigung im Alltag und in Konfliktsituationen. Schließlich erlaubt erst ein Konzept von Transkulturalität die gegenseitige Integration aller Mitglieder der Gesellschaft. Ob wir auf Gemeinsamkeiten und bewusst auf Differenzen zwischen den Menschen achten, oder uns von Beginn an abgrenzen, hat einen entscheidenden Einfluss auf unsere Wahrnehmung und unser Verhalten.

Was ist unter transkulturellem Handeln zu verstehen?

Grundsätzlich ist festzuhalten, dass die transkulturelle Orientierung und die Förderung transkultureller Kompetenzen eine Querschnittaufgabe darstellen. Dies bedeutet, dass die staatliche, die öffentliche und die private Sphäre gefordert sind. Auf staatlicher Ebene geht es um Fragen der Rechtsgleichheit, die der Staat gegenüber dem einzelnen Individuum – unabhängig von seiner Herkunft – gewährleisten muss. Die öffentliche Sphäre betrifft Aspekte des Interessenausgleichs, der beispielsweise durch den Anspruch der Neutralität der Schule und die Ausübung einer bestimmten religiösen Praxis herausgefordert wird. Die private Sphäre schließlich bezieht sich auf Fragen des Familienlebens, der Kindererziehung und der Gestaltung des Alltags (Kälin, 2000 und 2003).

Nehmen wir ein Beispiel aus dem Bereich der Öffentlichkeit und Politik. Gerade die Frage der Integration der Migrationsbevölkerung wird meist sehr polarisierend diskutiert. Auf der einen Seite steht eine Problem- und Defizitorientierung bis hin zur Ablehnung und Ausgrenzung, auf der anderen Seite eine Ressourcenorientierung bis hin zu unkritischer Toleranz. Dabei geht es eigentlich um die nüchterne Frage, wie das Zusammenleben zwischen Einheimischen und Zugewanderten verbessert werden kann – eine gesellschaftliche Herausforderung, die uns alle betrifft. Deshalb werden sich zukünftige Integrationsmaßnahmen daran messen, ob sie auch diejenigen ansprechen können, die sich durch die Anwesenheit von Migrantinnen und Migranten verunsichert oder bedroht fühlen.

Im transkulturellen Dialog ist es wichtig, nicht einfach Schönfärberei zu betreiben, sondern konkrete Probleme, geäußerte Ängste und Unbehagen ernst zu nehmen und in konkrete Verbesserungsmaßnahmen einzubeziehen. Wenn komplexe Fragen einfach mit Schlagwörtern – von beiden Seiten – abgefertigt werden, trägt dies nicht zu einer besseren Verständigung bei. In diesem Bereich gilt es daher, innovativ zu wirken und vermehrt transkulturelle Informationsarbeit zu leisten. Förderlich sind Runde Tische und transkulturelle Projekte in der Quartier- und Gemeindeentwicklung mit Vertreterinnen und Vertretern aller Herkunfts- und Interessengruppen sowie aller sozialen Schichten, und die Öffnung von Parteien und Vereinen.

Transkulturalität als Chance

Der Kulturbegriff hat, wie auch der Rassebegriff, viel Leid in die Welt gebracht. Probleme und kriegerische Auseinandersetzungen werden weiterhin mit dem Vorwand der kulturellen Verschiedenheit begründet. Am einfachsten wäre es, man könnte den Begriff Kultur einfach aus dem Repertoire streichen und einfach von Menschen und ihren Identitäten sprechen. Dies bleibt jedoch ein hehrer Wunsch, da wir ja irgendwie über Unterschiede auf der Welt sprechen wollen und müssen, und der Kulturbegriff fest in unserer Sprache verankert ist. Identität und Vielfalt bieten Alternativen und Ergänzungsmöglichkeiten, sie sind aber ebenfalls zu wenig präzise und alltagstauglich.

Leider sind viele Menschen nicht an der Verbreitung einer zeitgemäßen Sichtweise der Kultur interessiert. Viele Parteien und Individuen profitieren von klaren Abgrenzungen. Dies dient dem Schüren von Ängsten, die politisch instrumentalisiert werden können. Wollen wir aber das friedliche Zusammenleben in unserer Gesellschaft und auf unserem Planeten fördern, kommen wir nicht darum herum, uns an den Gegebenheiten der Vielfalt sowie am raschen Wandel zu orientieren und auch unser Verständnis von Kultur danach auszurichten. Nur so ist eine friedliche Welt realisierbar.

Zum Schluss möchte ich darauf hinweisen, dass man durchaus argumentieren kann, dass den im Alltag und in der Politik verwendeten Begrifflichkeiten nicht so viel Gewicht beigemessen werden sollte. Viel wichtiger sind selbstredend das zugrunde liegende Verständnis – in diesem Fall von Kultur – und dessen Auswirkungen auf den Alltag. Es geht also um den anderen Inhalt, die andere Sichtweise, wenn wir von Transkulturalität sprechen. Dennoch sagen Begriffe etwas über das dahinter liegende Verständnis aus und sind deshalb prägend. Ich plädiere daher für die Vermeidung der Begriffe Inter- und Multikulturalität. Anstatt dessen stehe ich für die Verwendung des Begriffes der Transkulturalität ein, da dieser Begriff auf das Verbindende, Übergreifende zwischen den Menschen hinweist und sich an den Ressourcen statt an den Defiziten der Menschen orientiert.

Bibliografie

Eicke, Monika / Zeugin, Bettina (2007): Transkulturell handeln – Vielfalt gestalten. Zur Bedeutung transkultureller Kompetenzen in einer Gesellschaft der Diversität, Diskussionspapier 17, Caritas-Verlag, Luzern.

Caritas Schweiz (2007): Wo steht die Schweizer Migrationspolitik? Herausforderungen und Chancen, verfasst von Bettina Zeugin, Positionspapier 12, Caritas-Verlag, Luzern.

Kälin, Walter (2000): Grundrechte im Kulturkonflikt: Freiheit und Gleichheit in der Einwanderungsgesellschaft, Verlag Neue Zürcher Zeitung, Zürich.

Ders. (2003): Grundrechte in der Einwanderungsgesellschaft: Integration zwischen Assimilation und Multikulturalismus. In: Wicker Hans-Rudolf, Fibbi Rosita, Haug Werner (Hrsg.): Migration und die Schweiz. Ergebnisse des Nationalen Forschungsprogramms „Migration und interkulturelle Beziehungen". Seismo Verlag, Zürich. S. 139–160.

Wicker, Hans-Rudolf ([1]2002): Migration, Kultur und nationale Bindungen, in terra cognita, Schweizerische Zeitschrift zu Integration und Migration (Eidgenössische Kommission für Migrationsfragen), Bern. S. 28-33.

Hilde Weiss

Globalisierung und Migration
Post-moderne Identitäten, ethnische
Differenzierung und Polarisierung

1. Einleitung

Ein Rückblick auf die großen Migrationen Europas seit der Industria-
lisierung zeigt, dass viele Formen, die heute als neu gelten, wie tem-
poräre Arbeitsmigration, Pendeln und „Transnationalismus", historische Vorläufer haben. Zurzeit ist eher eine Rückkehr zu den vielfältigen Wanderungsbewegungen der Epoche vor dem Zweiten Weltkrieg
zu beobachten (vgl. Lucassen 2006). In den Szenarien einer globalisierten Welt werden Mobilität und Migration bestimmende Faktoren
sein (zur Zunahme weltweiter Migration siehe den „World-Migration-
Report" der „International Organization for Migration 2008"). Die Wider-
sprüche und Konfliktpotentiale der gegenwärtigen Lage scheinen sich
aber fortzuschreiben: Auf der einen Seite soll ein flexibles und mobiles
Reservoir von Arbeitskräften am internationalen Arbeitsmarkt verfügbar
sein, andererseits versuchen besonders die westlichen Nationen Zuwanderung strikt zu kontrollieren und massiv einzudämmen (mit der
Folge einer Kategorisierung in „legale" und „illegale" MigrantInnen). Ein-
wanderung tritt in den politischen Diskursen als ökonomisches Kalkül,
zugleich aber auch als soziales und kulturelles Problem auf.

In diesem Beitrag wird die Frage gestellt, welche sozialwissenschaftlichen Szenarien zur künftigen Entwicklung bestehen, welche
Erfahrungen und Modelle in die Zukunft weisen und wie die Forschung
den Wandel ethnischer Identitäten und Konflikte beschreibt.

2. Zwei Szenarien: Entwicklung zur „organischen Solidarität" einer Weltgesellschaft vs. „Kampf der Kulturen"

Im letzten Jahrzehnt kam es förmlich zu einem Boom an Diagnosen zur Globalisierung und ihren Folgen; ein zentrales Thema in den unterschiedlichen Zukunftsszenarien ist die Auswirkung der immer stärker miteinander vernetzten Weltregionen auf die historisch „starken" Dimensionen kultureller Abgrenzungen. Verlieren Religionen, Traditionen und nationale Grenzen ihre Bedeutung für die Identität künftiger Generationen? In den Sozialwissenschaften wird versucht, die Stärke der verschiedenen, teils widersprüchlichen Kräfte der Globalisierung, einzuordnen. Wird der Vernetzung ökonomischer Märkte und weltweiter medialer Kommunikation auch ein Abbau kultureller Trennlinien nachfolgen? Oder werden nicht gerade umgekehrt, aufgrund einer sich ausbreitenden globalen Lebensweise (Industriearbeit, Konsumartikel, Medien), die Bedürfnisse nach ethnischer Differenz verstärkt?

(a) Die kulturell „eingeschmolzene" Weltgesellschaft:

Die Mobilität der Menschen lässt keine wahre „Assimilation" mehr zu: Weder an die eine oder andere Kultur, noch an den einen oder anderen Ort. Auch die Mehrheitsgesellschaften verändern sich durch die Kontakte mit „Anderen" mit. In der Migration wählt der Einzelne verschiedene Elemente der Kulturen aus; individualisiertes kulturelles „Patchwork" (aus Sitten, Bräuchen, religiösen Haltungen etc.) charakterisiert eine „post-moderne" Identität, die sich in die Funktionsweisen einer industrialisierten, kapitalistischen Gesellschaft einfügt. Damit verändern sich auch die einst homogenen Nationalkulturen und werden ebenso hybrid wie die Persönlichkeitsstrukturen (vgl. Werbner und Modood 1997).

Mit dem Bild des Schmelztiegels beschrieb bereits Park (1928) die US-Gesellschaft zur Zeit der großen Einwanderungen; mit den Begriffen der Individualisierung und Enttraditionalisierung wird der gegenwärtige Wandel beschrieben (z.B. Beck 1997, 2008).

(b) Bedürfnis nach kultureller Differenzierung, Kampf um kulturelle Hegemonie:

Nationale Symbole, Vorstellungen typischer nationaler Lebensstile und Mentalitäten, sind aus den Köpfen der meisten Menschen bis heute längst nicht verschwunden. Die seit den 80er Jahren in Europa konstatierte Rückkehr der Kategorien Nation und Ethnizität in die Politik, Öffentlichkeit und Wissenschaft, bestärkt die These, dass das Beharren auf Traditionen der Abgrenzung, sei es seitens der Mehrheiten gegenüber Minderheiten, wie auch umgekehrt, eine Reaktion der Individuen gegen Globalisierung ist; das Aufkommen des Rechtspopulismus in Europa wurde als Reflex gegen ökonomische Unsicherheit und raschen Wandel gedeutet (vgl. Dörre 1997). Die größere Mobilität förderte nicht nur die Konkurrenz um Ressourcen (Arbeit, Einkommen), sondern auch die Konkurrenz um kulturelle Dominanz zwischen „Einheimischen" und „Fremden" sowie zwischen Kulturräumen und Religionen. Bekannt wurde dieses Szenario vor allem durch Huntingtons Werk „Kampf der Kulturen". Besonders in den „Diasporakulturen" (der zugewanderten Minderheiten in den Nationalgesellschaften) erhalten kulturelle Symbole eine starke emotionale Bedeutung.

3. Exkurs: Identität und Kultur

Integration ist auch in der globalisierten Welt ein beherrschendes Thema. Der Zutritt zum Arbeitsmarkt bleibt für den Einzelnen der Schlüssel zur Existenzsicherung (strukturelle Integration). Als Kern der normativen Integration der Menschen gelten – trotz divergierender gesellschaftlicher Diagnosen – die Schlüsselwerte der Moderne: Demokratie, Toleranz und individuelle Freiheit. Die Frage des „Kulturkonflikts" richtet sich auf diese Prinzipien; die Gewohnheiten einer säkularen Gesellschaft, wie die Einschränkung der Religion auf die private Sphäre und die Individualisierung der religiösen Praxis bis hin zur Gleichstellung der Geschlechter, definieren eine kritische Zone von Wertdifferenzen.

In der „Identität" verbinden sich personale (individuelle), soziale und kulturelle Aspekte des Ichs: Im gelernten Rollenverhalten bis hin zu kollektiven Identifikationen spiegelt sich die im Sozialisationsprozess erworbene Anpassung des Individuums an seine Umwelt. Sigmund Freud beschreibt dies mit der Spannung zwischen dem „Ich" und dem kulturellen „Über-Ich".

In frühen Lernprozessen wird das „Selbstkonzept" („Me" nach Mead, 1978) in der Interaktion mit den zentralen Bezugspersonen (meist Eltern) erworben. Es werden nicht nur Formen der Triebkontrolle, kognitive Leistungen und Ressourcen wie Sprache und Wissen über die Umwelt erworben, sondern die geltenden Normen und Werte der Umwelt auch „verinnerlicht". Auf diese Weise ist „Kultur" ein elementarer Teil der psychischen Prozesse, also der Persönlichkeit.

Kollektive Zugehörigkeitsgefühle („Wir-Gefühle"), seien sie religiöser, kultureller oder nationaler Art, sind mit der inneren Erfahrungswelt eng verbunden. In einem Leben biografischer Kontinuität tritt dies kaum ins Bewusstsein. Erst durch die Erfahrung von Brüchen, z.B. durch das Verlassen des Landes, Vertreibung oder Flucht, wird die kulturell-soziale Verwurzelung dem Einzelnen auch bewusst.

In der Migrationssoziologie wird deutlich, wie sehr sich unser Identitätskonzept an der „Normalbiografie" orientiert. Brüche oder auch ein Wechseln zwischen Kulturen, zwischen Traditionen und Sprachen („Kultur-Switching"), werden nur aus der Perspektive einer dominierenden Kultur berücksichtigt (vgl. Mecheril 2000). Die „Lebenswelt" (Schütz/Luckmann, 1979) steht im Normalfall nicht zur Disposition. Im Falle der Migration geht sie jedoch verloren: Lebensstil, Sprache und soziale Kontakte müssen neu erworben werden. Im Sinne eines sozialpsychologischen Selbstkonzepts entsteht eine neue Identität.

Das Problem des Wechsels zwischen den Kulturen wird in der heutigen Literatur neu gedeutet: Galt das Oszillieren zwischen kulturellen Orientierungen lange Zeit als Orientierungslosigkeit und kulturelle Randständigkeit („marginal man", vgl. Stonequist 1935), so betrachtet man dies heute nicht mehr vorwiegend als negative Ich-Erfahrung. Auch andere Reaktionsmöglichkeiten, wie Doppel- oder Mehrfachidentität, „Hybridität" oder „Mischidentität", werden deutlich entstigmatisiert.

4. Ethnische Pluralität in modernen Gesellschaften

Gibt es historische Erfahrungen darüber, wie sich Menschen verschiedener nationaler Herkunft, Hautfarbe und Religion in einer (nationalen) Gesellschaft zusammenfinden und eine gemeinsame Identität finden?

(a) Der Schmelztiegel USA – ethnischer Pluralismus oder Mythos?

Der „ethnische Pluralismus" charakterisiert das Selbstverständnis der amerikanischen Gesellschaft. Der „melting pot" der entwickelten kapitalistischen Marktwirtschaft der 20er Jahre galt als Wegweiser in die industrielle Moderne. Und auch heute, nachdem sich die Migrationsstrukturen auch in den USA stark verändert haben, ist es interessant zu fragen, ob sich in der amerikanischen Gesellschaft von heute die Konturen einer „typisch" globalisierten Gesellschaft abzeichnen.

Eine bis heute lebendige Forschungstradition befasst sich mit der von Park (1928) formulierten These der Entwurzelung des Wandernden, seines „notwendigen Wechsels der Identität" und des „typischen" Verlaufs der Neuanpassung (Assimilation). Dieser Prozess der Akkulturation erstreckt sich über mindestens drei Generationen: Die erste Generation lebt im Denken und Fühlen noch in der „alten" Welt, die zweite Generation lebt „zwischen den Kulturen" und erst der dritten Generation gelingt die gänzliche soziale und kulturelle Eingliederung in die „neue" Welt. Park betont, dass das Zurücklassen traditioneller ethnischer Gewohnheiten in einem Land wie den USA unumgänglich ist, da anders ein Erfolg in der kapitalistischen Marktgesellschaft mit ihrem bedingungslosen Individualismus bezüglich Leistung und Wettbewerb nicht möglich wäre. Ein tiefer Kulturkonflikt bestünde zwischen der „modernen" Einwanderungsgesellschaft USA und den „traditionellen" (agrarisch-feudalen oder in Clans organisierten) Herkunftsgesell-schaften der Einwandernden. Das Einschmelzen der Kulturen im ame-rikanischen „melting pot" vollzieht sich durch die Realität des Marktes, in der nur derjenige Chancen hat, der die hergebrachten Traditionen, die Park von Patriarchat und Kollektivismus geprägt sieht, aufgibt und die moderne Rolle annimmt. Als problematisch bewertet er „kulturelle Marginalität", d.h. ein Leben zwischen den Kulturen. Wenn sich der Einzelne weder der alten noch der neuen Kultur zugehörig fühlt, ist dies aus seiner Sicht ein klares Misslingen der Anpassung (mit Marginalität verbindet Park psychische Probleme, Neigung zu Kriminalität u.ä.).

Forschungen der Gegenwart hinterfragen diese über lange Zeit domi-nierenden Konzepte von Assimilierung und Marginalisierung nicht nur, sondern sie betonen auch jene Probleme, die im Idealbild des Schmelz-tiegels ausgeblendet wurden. Zum einen wird hervorgehoben, dass Ethnizität eng mit sozialer Klasse, räumlichen und sozialen Strukturen wie Ghettobildung und Diskriminierung, verknüpft ist (z.B. Wilson 2001). Zum anderen, dass auch beabsichtigte soziale Abschottung ethnischer Gruppen, z.B. Heiratslinien entlang religiöser oder ethni-scher Merkmale, trotz materiellen Erfolges der Minderheit, das Modell des „melting pots" in Frage stellt (vgl. Herberg 1960).

Schließlich wird heute die scharfe Grenzziehung zwischen den Kul-turen, zwischen Traditionsbindung und moderner Lebensführung, in Zweifel gezogen; die ökonomisch, technisch und medial vernetzte Industriekultur dringt heute längst auch in „rückständige", feudale Clan-Gesellschaften ein und „unterlebt" nationale und lokale Traditionen. Dennoch ist die aufgeworfene Thematik eines Spannungsfeldes kultu-reller Einflüsse, etwa hinsichtlich der Identitätsformung der zweiten Generation von MigrantInnen, nach wie vor aktuell. Die amerikanische Gesellschaft entspricht jedoch heute nicht mehr dem einst empathisch beschriebenen Bild des Schmelztiegels. Auch die Migrationsstrukturen haben sich gewandelt: ArbeitsmigrantInnen blieben im Land, und anstelle der früheren europäischen Zuwanderung kommen die neuen

Einwandernden aus allen Teilen der Welt. In Europa zeichnet sich eine ähnliche Zuwanderung ab: Der ethnische Pluralismus der USA, der heute gerne als *„salad bowl"* beschrieben wird, könnte ein Blick in die globale, post-moderne Gesellschaft sein.

(b) Europa – zwischen Multikulturalität und „Eintritt durch Anpassung"?

Betrachtet man die Forschungen in den europäischen Ländern, so haben sich aus vielfältigen historischen Traditionen (z.B. Beziehungen zu Kolonien) unterschiedliche Modelle im Umgang mit kultureller Vielfalt entwickelt. Das heute viel diskutierte Modell der „Multi-Kulturalität", das vorwiegend Großbritannien und den Niederlanden zugeordnet wird, rückt die positiven Funktionen ethnischer Gemeinschaften im Eingliederungsprozess stärker in den Blickpunkt; indem diese seitens des Staates unterstützt werden, sollen die Anpassungsleistungen der Zuwandernden gefördert und zugleich auch ihre Identitätsbedürfnisse geschützt werden (vgl. Rex 1996). Zwischen der privaten ethnischen Welt des Einzelnen und der öffentlichen Sphäre der Gesellschaft wird strikt getrennt; so können ethnische Traditionen in der „multi-kulturellen" Gesellschaft gepflegt, Identität und Symbole in der Öffentlichkeit auch gezeigt werden (z.B. Kleidung). Doch stehen die universalen Regeln des Rechtsstaats und der Demokratie nicht zur Disposition. Die hervorstechenden Probleme, die sich heute etwa in einer Großstadt wie London manifestieren, sind eine starke räumliche und soziale Segmentierung, augenfällige Unterschiede zwischen erfolgreichen, aufgestiegenen und nicht-erfolgreichen, am unteren Rand der Gesellschaft gebliebenen Gruppen (etwa erfolgreiche indische Population vs. arm gebliebene Pakistani).

Das Modell des französischen „Republikanismus" sieht alle im nationalen Territorium Geborenen als gleich an: Es gibt keine Unterschiede in den staatsbürgerlichen Rechten. Die symbolische Repräsentanz ethnischer und religiöser Symbole im öffentlichen Raum wird hingegen unterdrückt („Laizismus"). Das Problem dieses Modells liegt in der Diskrepanz zwischen formaler Anerkennung und realer Diskriminierung. Eingewanderte fühlen sich als Bürger „zweiter Klasse" und leiden unter versteckter Exklusion, etwa am Wohnungs- und Arbeitsmarkt.

Länder wie Österreich, Deutschland und die Schweiz sind keinem der beiden Modelle zuzuordnen, sondern sind maßgeblich durch die Tradition des Abstammungsprinzips *(ius sanguinis)* geprägt. Österreich hat seine historischen Einwanderungen vor seiner späten Nationsbildung erlebt (Wien als „Schmelztiegel" der Monarchie). Kulturelle und sprachliche Homogenität waren dennoch für die Selbstdefinition der Republik maßgeblich und bestimmen bis heute das nationale Selbstbild.

Trotz der historisch gewachsenen Differenzierungen haben alle Länder Europas gemeinsame Probleme: Ethnische Unterschichtung (Entstehen einer „ethnischen Unterschicht", „verwahrloste" Stadtviertel, „Ausländerghettos") und Spannungen in den Mehrheits-Minderheits-Beziehungen (deutlich sichtbar am Erstarken des Rechtspopulismus).

Ob die verschiedenen Modelle aber auch Folgen für die Integration der ZuwanderInnen, besonders der zweiten Generation, haben, ist ein interessantes Thema der Forschung. So wurden unterschiedliche Integrationsverläufe im europäischen Vergleich unter zwei Perspektiven untersucht: Erklärt eher der *„citizenship-approach"* (wie die zuvor beschriebenen Eingliederungsmodelle) oder der *„institutionelle approach"* (Einfluss der Institutionen – besonders des Bildungssystems – oder der Arbeitsmarktstrukturen) die Integration? Die nationalen Unterschiede in den institutionellen Arrangements erwiesen sich insgesamt als erklärungskräftiger (vgl. Crul/Vermeulen 2003 und Worbs 2003: 1032).

5. Welche Wege zeichnen sich ab? Einige Ergebnisse internationaler Forschungen

Fasst man die rezenten Ergebnisse der Integrationsforschung knapp zusammen, so dominieren in den USA zwei widersprüchliche Tendenzen. Deutlich sichtbar an der zweiten Generation ist einerseits eine „downward assimilation" (Abgleiten bestimmter Herkunftsgruppen in die *urban underclass"*), sowie auf der anderen Seite eine erfolgreiche Aufwärtsmobilität. Letzteres erfolgt häufig durch die Unterstützung der eigenen ethnischen Gemeinschaft (vgl. Portes/Fernández-Kelly/ Haller 2005). Diese Form unterschiedlicher Anpassung („segmentierte Assimilation") polarisiert zwar zwischen den Ethnien, doch tritt auch innerhalb der einzelnen Ethnien eine starke Differenzierung nach selbst gewählten Lebensstilen (zwischen ethnisch-traditionell und postmodern) zutage (vgl. Waters 1990).

Auch in den vergleichenden europäischen Forschungen fällt eine Polarisierung zwischen ethnischen Gruppen auf. Besonders deutlich vergrößert sich die Kluft in der zweiten Generation, und zwar zwischen jenen, die sich im Bildungssystem gut qualifizieren und jenen, die frühzeitig aus der Schule fallen. In Großbritannien weisen z.B. chinesische und indische Kinder der dritten Generation bessere Schulerfolge auf als weiße BritInnen. Im Kontrast dazu stehen aber die hohen „dropout" Raten unter Londons kurdisch und türkisch sprechenden Jugendlichen (Worbs 2003: 1033). Auch in Österreich zeigen sich ähnliche Differenzen: So partizipieren Kinder aus asiatischen und postkommunistischen Ländern deutlich besser am Schulsystem als die österreichischen. Ex-jugoslawische und türkische Jugendliche schneiden hingegen schlechter ab (vgl. Weiss/Unterwurzacher 2007).

Auffallend ist auch die Rolle ethnischer Gemeinschaften. Ein niedriger Status muss nicht mit ethnischer Tradition zusammenfallen bzw. sich verstärken: Während man etwa in Deutschland vor der türkischen (muslimischen) Parallelgesellschaft mit sich „vererbendem" niedrigem Status warnt, besuchen in England Studierende, die aus dem Punjab stammen, erfolgreich das College. Sie folgen den strengen Verboten der Eltern, Kontakte mit Menschen außerhalb der eigenen „Community" einzugehen. Diese Jugendlichen haben auch keine „Oppositions-Kulturen" entwickelt. Die sozialen Bindungen der „Community" forcieren den Aufstieg; dabei setzen sie ihr „soziales Kapital", d.h. Unterstützungen der eigenen Gruppe, voll ein. Diese Unterstützung würde die Minderheit in der Mehrheitsgesellschaft nicht finden.

In Europa steht heute das Versagen der jeweiligen nationalen Einwanderungsmodelle zur Debatte. So wird z.B. in Holland, das ähnlich wie die USA einem ethnischen Pluralismus nahe steht, die große Zahl von „drop-outs" und hohe Kriminalität besonders unter den marokkanischen Jugendlichen der zweiten Generation beklagt (vgl. Crul/ Doomernik 2003). In Deutschland wird Ähnliches über die türkische zweite Generation berichtet (und eine generationsübergreifende „Parallelgesellschaft" beklagt). In Frankreich ist es die algerische und marokkanische zweite Generation, die das republikanische Modell in die Krise brachte. Die aus Pakistan stammenden Attentäter in England fielen allerdings im Kontrast dazu gerade dadurch auf, dass sie „so gut integriert" waren.

Die Rolle der Religion, besonders des Islam, wird in Europa zwiespältig gesehen. In der Literatur wird generell eine doppelte Rolle von Religion im Migrationskontext beobachtet: Einerseits ist sie eine Ressource und Stütze im Umgang mit der neuen Umgebung, andererseits führt sie zu einer „regressiven" Rückkehr zu religiösen Lebensformen (Perlman/Waldinger 1997). Unterschiede zwischen den USA und Europa sind besonders hinsichtlich der Muslime markant (vgl. Alba 2005). Während Studien aus den USA die integrative Rolle von Religion betonen („becoming American through religion", z.B. Portes/Zhou, 2006), wird Religion in Europa als Problem für einwandernde Minderheiten gesehen (z. B. Klausen 2005). Als wesentlicher Grund für diese unterschiedlichen Haltungen gilt der höhere Säkularisierungsgrad in Europa; starke Religiosität wird als Gefahr für die säkulare Wertehaltung betrachtet.

Fundamentalistische und islamistische Strömungen haben in der zweiten Generation in den europäischen Ländern Popularität erlangt. Timmerman/Vanderwaeren/Crul (2006: 1081) diagnostizieren in ihrer Untersuchung in Belgien eine Polarisierung auch innerhalb der türkischen zweiten und dritten Generation. Sie befanden schon länger im Land lebende junge Männer als mehr vom Islam angezogen als solche, die erst vor kurzem eingewandert waren. Sozioökonomische Benachteiligung, Diskriminierung und kulturelle Isolation gelten allgemein als wichtiger Hintergrund für die verstärkte Zuwendung zum Islam. Studien verweisen auf das Problem der „Retraditionalisierung" aufgrund kultureller Verunsicherung im Aufnahmeland. Für die Eltern ist es oft ein Ziel, die „Europäisierung" der Kinder zu verhindern (vgl. Riesner 1995). Das religiöse Bewusstsein der Jugendlichen der zweiten Generation richtet sich jedoch im Gegensatz zum traditionalen Islam der Eltern stärker auf den „globalisierten" Islam mit seinem politischen Machtanspruch (vgl. Foner/Alba 2008).

Studien zur Lebenslage von Muslimen der zweiten Generation in Österreich verweisen auf die zwiespältigen Wirkungen der familiären Binnenwelten; die Normen und Traditionen der Familie, z.B. Pläne der Eltern hinsichtlich Partnerwahl, Bildungs- und Berufswahl, werden seitens der Jugendlichen oft in einem Widerspruch zu eigenen Lebensvorstellungen empfunden. Das Resultat ist, dass Jugendliche oft in der Spannung zwischen der familiären Binnenwelt und der realen Außenwelt leben (vgl. Weiss 2007). So kann Religion für Jugendliche ein „Code" sein, um Selbstbewusstsein zu signalisieren. Zum Beispiel als Abgrenzung gegenüber der Mehrheit oder auch den Eltern gegenüber; oder aber als Reaktion auf wahrgenommene oder vermutete Geringschätzung (vgl. Khorchide, 2007, der die verschiedenen Typen religiöser Orientierungen österreichischer Muslime der zweiten Generation beschreibt).

6. Zusammenfassung: „post-moderne" Identitäten und ethnische Schließung

Aus den Forschungen kann sicherlich kein einfaches Zukunftsbild einer globalen, interkulturellen Gesellschaft entworfen werden. Schließlich könnten für und gegen jedes der eingangs geschilderten Zukunftsszenarien gute Argumente und einzelne Forschungsergebnisse ins Treffen geführt werden. So zeigte sich, kurz zusammengefasst, dass jugendliche MigrantInnen häufig eine Entscheidung für oder gegen ein bestimmtes kulturelles Weltbild, für oder gegen die ethnischen Prinzipien des Herkunftslandes, treffen. Stattdessen werden Traditionen umgedeutet, die positiv wahrgenommenen Elemente der jeweiligen Lebenskontexte ausgewählt und zu einer den eigenen Ansprüchen genügenden Lebensform zusammengefügt. Gegenüber solchen „post-modernen" Identitätsdefinitionen, die das Leben in mehreren – oder zwischen den – Kulturen widerspiegeln, finden sich ebenso Formen der Retraditionalisierung. Und es lassen sich keine einfachen Erklärungen, wie etwa die sozioökonomische Position, ethnische Herkunft oder Religion, für die unterschiedlichen Reaktionsmuster finden. Im europäischen Vergleich besteht nicht nur eine große Heterogenität zwischen den verschiedenen Herkunftsgruppen, bis hin zu starken Polarisierungen; auch innerhalb einzelner ethnischer Gruppen wiederholt sich dieses Bild innerer Verschiedenheiten. Die Lebensmuster oszillieren selbst in der Generationenfolge zwischen Integration und Desintegration, kultureller Annäherung und Differenzierung, Öffnung und ethnischer Schließung.

Bibliografie

Alba, Richard D. (2005): Bright vs. Blurred Boundaries: Second-Generation Assimilation and Exclusion in France, Germany and the United States. In: Ethnic and Racial Studies, 28: 20-49.

Beck, Ulrich (1997): Was ist Globalisierung? Suhrkamp, Frankfurt/Main.

Ders. (2008): Der eigene Gott. Die Individualisierung der Religion und der ‚Geist' der Weltgesellschaft. Frankfurt/Main: Verlag der Weltreligionen.

Crul, Maurice/Doomernik, Jeroen (2003): The Turkish and Moroccan Second Generation in the Netherlands: Divergent Trends between and Polarization within the Two Groups. In: International Migration Review. 37, 1039-1064.

Crul, Maurice/Vermeulen, Hans (2003): The Second Generation in Europe. In: International Migration Review. 37, 965-986.

Dörre, Klaus (1997): Modernisierung der Ökonomie – Ethnisierung der Arbeit. Ein Versuch über Arbeitsteilung, Anomie und deren Bedeutung für interkulturelle Konflikte. In: Heitmeyer, Wilhelm (1997): 69-117.

Foner, Nancy/Alba, Richard (2008): Immigrant Religion in the U.S. and Western Europe: Bridge or Barrier to Inclusion? In: International Migration Review, 42/2: 360-392.

Herberg, Will (1960): Protestant, Catholic, Jew. New York: Anchor Books.

Huntington, Samuel (1997): Der Kampf der Kulturen. München, Wien.

Khorchide, Mouhanad (2007): Die Bedeutung des Islam für Muslime der zweiten Generation. In: Weiss, Hilde (Hrsg.), Leben in zwei Welten. Zur sozialen Integration ausländischer Jugendlicher der zweiten Generation. Wiesbaden: VS Verlag für Sozialwissenschaften, 217-244.

Klausen, Jytte (2005): The Islamic Challange: Politics and Religion in Western Europe. Oxford, NY: Oxford University Press.

Lucassen, Leo (2006): Paths of integration. Migrants in Western Europe 1880-2004. Amsterdam: Univ. Press.

Mead, George Herbert (1978): Geist, Identität und Gesellschaft. Suhrkamp, Frankfurt/Main.

Mecheril, Paul (2000): Zugehörigkeitsmanagement. Aspekte der Lebensführung von anderen Deutschen. In: Attia, Iman/Marburger, Helga (Hrsg.), Alltag und Lebenswelten von Migrantenjugendlichen. Verlag für Interkulturelle Kommunikation (27-48). Frankfurt/Main.

Park, Robert E. (1928): Human Migration and the Marginal Man. In: American Journal of Sociology, 33, 881-893.

Perlman, Joel/Waldinger, Roger (1997): Second Generation Decline? Children of Immigrants – Past and Present. A Reconsideration. In: International Migration Review, 31: 893-922.

Portes, Alejandro / Zhou, Min (2006): Immigrant America. Berkeley: University of California Press.

Portes, Alejandro / Fernández-Kelly, Patricia / Haller, William (2005): Segmented assimilation on the ground: The new second generation in the early adulthood. In: Ethnic and Racial Studies, 28/6: 1000-1040.

Rex, John (1996): Ethnic minorities in the modern nation state. Basingstoke: Macmillan.

Riesner, Silke (1995): Junge türkische Frauen der zweiten Generation in der Bundesrepublik Deutschland. Eine Analyse von Sozialisationsbedingungen und Lebensentwürfen anhand lebensgeschichtlich orientierter Interviews. Verlag für Interkulturelle Kommunikation, Frankfurt/Main.

Schütz, Alfred / Luckmann, Thomas (1979): Strukturen der Lebenswelt. Frankfurt/Main.

Stonequist, Everett V. (1935): The Problem of the Marginal Man. In: American Journal of Sociology, 41, 1-12.

Timmerman, Christiane / Vanderwaeren, Els / Crul, Maurice (2003): The Second Generation in Belgium. In: International Migration Review, 37/4, 1065-1090.

Waters, Mary C. (1990): Ethnic Options. Choosing Identities in America. Berkeley, Los Angeles: University of California Press.

Werbner, Pnina/ Modood, Tariq (Hrsg.) (1997): Debating Cultural Hybridity: Multi-Cultural Identities and the Politics of Anti-Racism. London: Zed Books.

Weiss, Hilde (Hrsg.) (2007), Leben in zwei Welten. Zur sozialen Integration ausländischer Jugendlicher der zweiten Generation. VS Verlag für Sozialwissenschaften, Wiesbaden.

Weiss, Hilde / Unterwurzacher, Anne (2007): Soziale Mobilität durch Bildung? Bildungsbeteiligung von MigrantInnen. In: Heinz Fassmann (Hrsg.): Zweiter Österreichischer Migrations- und Integrationsbericht 2001-2006, Klagenfurt. 227-241.

Wilson, William J. (2001): Soziale Ungleichheit in den USA. Passagen-Verlag, Wien.

Worbs, Suzanne (2003): The future of the second generation: the integration of migrant youth in six European countries. In: International Migration Review, 34/4: 1011-1038.

Hakan Gürses

Überschneidungsmöglichkeiten der Parallelwelten Entwicklungspolitik und Interkulturalität

In den 1980er Jahren galt es noch als kritische Haltung, eine „kultursensible" Entwicklungspolitik einzufordern. Heute löst es oft Befremden aus, wenn man die übertriebene Aufmerksamkeit für kulturelle Unterschiede kritisiert. Der Grund für diese seltsame Umkehrung liegt zweifelsohne am kulturalistischen Paradigma, in dem wir uns befinden. Unter anderem aber wohl auch darin, dass der entwicklungspolitische und der interkulturelle Diskurs seit langem als „Parallelwelten" nebeneinander existieren, ohne sich gegenseitig zu befruchten. Der vorliegende Text will auf diesen Umstand hinweisen und vorhandene oder mögliche Überschneidungen der beiden Bereiche ausloten.

Das ist ein Thema, das meines Wissens nicht allzu viele beschäftigt. Zwar werden allmählich akademische Arbeiten über die Rolle der interkulturellen Weiterbildung in der Entwicklungszusammenarbeit (EZA) verfasst.[1] In interkulturellen Bildungsangeboten wiederum wird der entwicklungspolitische Bedarf zunehmend als Faktor berücksichtigt.[2] Die wissenschaftliche Fokussierung auf solche Wechselwirkungen dient aber vorwiegend der Nutzbarmachung des jeweils anderen Bereichs für den eigenen, ist also vorwiegend *pragmatischer* Natur. Systematische Untersuchungen *struktureller* Überlappungen von EZA und Interkulturalität stehen noch aus.

---

[1] Lernraum Interkultur – Von interkultureller Erfahrung zu interkultureller Kompetenz (2007). Potentiale und Relevanz des interkulturellen Coachings am Beispiel von Fachkräften der Entwicklungszusammenarbeit. Südwind, Wien.

[2] Vgl.:http://www.ded.de/cipp/ded/custom/pub/content,lang,1/oid,440/ticket,g_u_e_s_t/

Interkulturalität und EZA lassen sich immer wieder auch im Rahmen einer dritten Disziplin miteinander verbinden, beispielsweise im pädagogischen Konzept *Globales Lernen* oder in *Postcolonial Studies*. Füreinander sind sie indes zwei getrennte Diskurse und Forschungsrichtungen, zwei Theorie- und Politiktraditionen.[3]

Ich sollte zum besseren Verständnis den Gegenstand etwas deutlicher eingrenzen. Die Begriffe *Entwicklungspolitik* und *Interkulturalität* stehen in diesem Essay als Kürzel für eine Reihe von wissenschaftlichen, politischen und medialen Diskursen, Begriffen, Theorieansätzen, Forschungen und Debatten, nicht zuletzt von Handlungen sowie deren Codizes und Codes: Der jeweiligen „Folklore".[4]

Entwicklungspolitik umfasst Entwicklungstheorien, EZA, Nord-Süd-Beziehungen und die langjährigen Debatten über den gesamten Bereich; aber auch NGOs, nationale und internationale Einrichtungen sowie deren Politik. *Interkulturalität* besteht ebenfalls aus Theorien, Bildungsangeboten und dem dazugehörigen Diskurs. Aber auch hier gibt es eine nationale und internationale Ebene: Migration, „Gastarbeiter", Integration und Rassismus auf der einen, Expatriates[5], Auslandsdienste und interkulturelles Management auf der anderen Seite.

---

[3] Vgl.: Freudenschuß-Reichl Irene / Bayer, Kurt, (Hrsg.) (2008): Internationale Entwicklungspolitik und Entwicklungszusammenarbeit. Manz, Wien. 325 f.

[4] Ein triviales Beispiel zu diesem Folklore-Aspekt: Ich lehre im Rahmen der Studienrichtung „Internationale Entwicklung" an der Universität Wien. Ich würde mich dort nie trauen, mit einer Coca-Cola-Flasche zum Pult zu marschieren. An einer anderen Universität außerhalb von Wien hingegen, wo ich im Rahmen eines Lehrgangs unterrichte, wäre dies bestimmt kein Problem; es würde die TeilnehmerInnen nicht stören, dass ich dieses – nicht selten mit dem „US-Imperialismus" in Verbindung gebrachte – Getränk mit mir trüge. Das Pikante an der Sache: An beiden Universitäten handeln meine Lehrveranstaltungen von Interkulturalität. Bloß, die Studienrichtung „Internationale Entwicklung" an der Universität Wien versteht sich als Teil der EZA, der Lehrgang hingegen als den „Interkulturellen Kompetenzen" verpflichtet

[5] Ein Expatriate (engl. *expatriate*; plural *-n* oder *-s*; von lat. *ex* aus, heraus; *patria* Vaterland), kurz Expat, ist jemand, der vorübergehend oder dauerhaft, aber ohne Einbürgerung in einem anderen Land als dem seiner Abstammung lebt.

Eine Zäsur – nur biografisch?

Da ich weder Migrations- noch Entwicklungssoziologe bin, ist es wohl sinnvoll, mein Interesse an den Überschneidungsmöglichkeiten der beiden Bereiche anders als „soziologisch motiviert" zu begründen. In meinem Fall ist der Grund für dieses Interesse schlicht biografischer Natur.

Anfang der 1980er Jahre bin ich nach Wien gekommen: als politisch engagierter junger Student. In meinem Leben davor, das ich in der Türkei verbracht hatte, war ich, noch als Teenager, mit Gedanken von marxistischen sowie anderen links stehenden Entwicklungstheoreti-kerInnen in Berührung gekommen. Mein Interesse an diesen Themen wurde durch den Umstand verstärkt, dass ich in Wien einige Zeit im Studentenheim des *Afro-Asiatischen Instituts* wohnte und dessen außer-universitäres Bildungsprogramm durchlaufen durfte. Es war eine Zeit heftiger Diskussionen über Entwicklung und Nord-Süd-Verhältnisse. Ende der 1980er Jahre kamen dann in Österreich Debatten über Migration, Fremdengesetze, kulturelle Differenzen etc. auf. Der Fokus verschob sich von international-globalen Fragen auf nationale Fragen. Eine Szene aus dieser Zeit, die symbolisch und symptomatisch ist, hat sich mir unvergesslich eingeprägt.

1990 war ich mit einer Gruppe von Lehrerinnen und Lehrern in Kontakt gekommen, die sich der „Eine-Welt"-Idee verschrieben hatten und kri-tische entwicklungspolitische Seminarreihen für ihre KollegInnen orga-nisierten. Eines Abends, während eines Vortrags in diesem Rahmen, bekamen wir die Nachricht, dass eine Demonstration im Gange sei, die sich gegen die Abschiebung von rumänischen Flüchtlingen in einer Nacht-und-Nebel-Aktion wenden wolle. Wir alle eilten zur Rossauer Kaserne, vor der die Kundgebung stattfinden sollte, standen in der Kälte und skandierten Parolen internationaler Solidarität. Als wir dann auseinander gingen, hatte ich das Gefühl, dass soeben eine Zäsur stattgefunden hatte. Ob es meine anschließende eigene Entscheidung war, die mich so fühlen ließ, oder ob ich die Ereignisse heute, aus zeit-licher Distanz, zu einem Bündel kausaler Zusammenhänge verdichte?

Ich kann es nicht mit Sicherheit sagen. Was aber war die Zäsur, die ich empfand? Ich vermute, dass für die LehrerInnen-Gruppe – allesamt EZA-ExpertInnen und entwicklungspolitische AktivistInnen – der vorhergehende Vortrag und unser anschließendes Demo-Erlebnis zwei Erfahrungen unterschiedlicher Ordnung darstellten, die nur eines miteinander verband: Engagement für die Schwächeren. Thematisch waren es aber zwei Paar Schuhe, zwei unterschiedliche *Kategorien*: Hier die Nord-Süd-Beziehungen, dort die Zuwanderung. Das erste Thema hatte bereits eine ausgereifte Sprache mit Fachbegriffen und rhetorischen Gemeinplätzen, hatte seine theoretischen Knoten und Klassiker. Das zweite Thema, die Zuwanderung, hatte noch nicht einmal einen klar umrissenen Titel oder Bereich.

Jener Abend markiert jedenfalls für mich einen Wendepunkt. Entwicklungstheorie und -politik verschwanden ab jener Zeit zusehends aus meinem Blickfeld und die Lücke wurde von dem thematischen Brocken aufgefüllt, der inzwischen „Einwanderungsgesellschaft" heißt. Diese biografische Zäsur deckt sich aber auch mit einem faktischen Befund: Die Rede über Migration blendete seit Anfang der 1990er Jahre sukzessive alle anderen großen gesellschaftlichen Diskurse aus. So auch den entwicklungspolitischen Diskurs.

Überschneidungen

Die hier geschilderte Entwicklung hatte jedoch nicht die Konsequenz, dass der Diskurs über Migration, Integration und kulturelle Differenzen die EZA vollkommen überlagerte. Es handelte sich eher um eine Verschiebung des Interesses, und somit des thematischen Zentrums öffentlicher Debatten: Von entwicklungspolitischen Fragen hin zu solchen Fragen, die in der Zauberformel „interkultureller Dialog" ihren Höhepunkt finden sollten. Die Folge war eine Abnabelung zweier Bereiche, die in kausaler, historischer und struktureller Hinsicht eine Symbiose gebildet hatten – zwei Bereiche, die seither ohne wirklichen Zusammenhang, ohne produktive Berührung, eben als „Parallelwelten" nebeneinander existieren.

Nach meiner beharrlichen Beschreibung der „Parallelwelt-Existenz" von EZA und Interkulturalität stellen sich zu Recht zwei Fragen. Erstens: Gehören diese beiden Bereiche *wirklich* auch zusammen? Zweitens: Was *erhofft sich* der Autor von Überschneidungen der beiden Bereiche?

Die letztgenannte Frage will ich erst am Ende des Textes beantworten. Auf die erste Frage gibt es indessen eine schlichte Antwort: EZA und Interkulturalität haben viele Gemeinsamkeiten und ich möchte sie in drei Dimensionen sichtbar machen: Historisch, strukturell und theoriepolitisch.

Historisch betrachtet, sind sie beide Produkte der Nachkriegszeit, Kinder des Kalten Krieges und der globalen Machtkonstellation, die in der Metapher von den „Drei Welten" kulminierte. Die „Mutterdisziplin" der Interkulturalität, *Intercultural Communication*, wurde in den USA der Nachkriegszeit entwickelt.[6] Geburtshilfe leistete hierbei die am Ende des Zweiten Weltkriegs konsolidierte Vormachtstellung der USA, begleitet vom Kalten Krieg. Eine „neue Weltordnung", deren Botschafter und zugleich Motor der Marshall-Plan darstellen sollte, wurde gepredigt. Die Spin-Doktoren der damaligen Zeit kreierten die Devise *„You can be like us"* und schickten eine kleine Armee an Beratern und Fachleuten, aber auch Militärs und Diplomaten auf all jene Länder los, die nicht hinter dem „Eisernen Vorhang" lagen – u. a. motiviert durch die Angst, sie könnten dahinter fallen, wenn man ihnen nicht rechtzeitig den „westlichen" Geist einpflanzte. Das steigende Bedürfnis, die Fachkräfte auf ihre Auslandsdienste – über das erforderliche Fachwissen hinaus – vorzubereiten, führte schließlich zu der Frage von Kulturunterschieden. Diese könnten – so die Annahme – zwar längerfristig durch die einebnende Kraft der Wirtschaft und des *„way of life"* überwunden werden. Aber kurzfristig bedurfte es einer Annäherung, einer Verständigung über kulturelle Grenzen hinweg, um den Empfängerländern des Marshall-Pakets auch den „Laden", in dem das Paket geschnürt worden war, schmackhaft zu machen.

---

[6] Alois Moosmüller (2007): Interkulturelle Kommunikation aus ethnologischer Sicht. In: ders. (Hg.): Interkulturelle Kommunikation. Konturen einer wissenschaftlichen Disziplin. Waxmann, Münster. 13-49.

Der Kulturanthropologe Edward T. Hall wurde beauftragt, Schulungsprogramme für die *Expats* zu entwickeln. Da er sich nicht damit begnügen wollte, TeilnehmerInnen seiner Kurse mit länderspezifischem Wissen abzuspeisen, konzentrierte er sich (auch nachdem er diesen Job unter McCarthy verloren hatte) auf das Kommunikationsverhältnis der beiden Seiten und beschrieb Grundlagen einer Wissenschaft, die er *Intercultural Communication* nannte.

Derselbe historische Rahmen am Ende der 1940er Jahre war es, innerhalb dessen mit dem Begriff der „nachholenden Entwicklung" Einrichtungen, Politiken und Diskurse der späteren EZA Gestalt annahmen.[7] Die berühmte Konferenz, die 1944 in Bretton Woods abgehalten wurde, war Auftakt zu der erwähnten neuen Weltordnung während des Kalten Krieges. Verstärkt wurde der Wille zur wirtschaftlichen Steuerung von Ländern der „Dritten Welt" in den 1950ern durch Entkolonisierungsschübe in Asien und Afrika. Der Primat geopolitischer und wirtschaftlicher Interessen der „Ersten Welt" war wohl der Grund für die Betrachtung der „Entwicklungshilfe" und Entwicklungspolitik als *Hardware*: Ein technokratischer Apparat mit Einrichtungen, Budget und Fachwissen. Während diese politische und wirtschaftliche Seite der Nord-Süd-Beziehungen eine vorrangige Stellung genoss, galt die interkulturelle Seite derselben als *Software*: Kulturelles Mittel zum wirtschaftlich-geopolitischen Zweck. Historisch gesehen sind Entwicklungspolitik und Interkulturalität – wenn auch ungleiche – Geschwister.

Es gibt auch strukturelle Überschneidungen zwischen ihnen. Die Wichtigste davon (und trotz ihrer Auffälligkeit die von sozialwissenschaftlicher Forschung noch immer am meisten Vernachlässigte) stellt Kausalitätsverhältnisse zwischen Migration und Entwicklung dar. Die kausalen Verhältnisse betreffen Gründe und Formen der Migration insbesondere in der Nachkriegszeit. Die postkoloniale Konstellation der Nord-Süd-Beziehungen; durch wirtschaftliche und politische Entwicklungen verursachte Süd-Süd-Migration; Rekrutierung der Arbeits-

---

[7] Vgl. zu dieser Entwicklung den soeben zitierten Sammelband, herausgegeben von Freudenschuß-Reichl und Bayer (2008), insbesondere Teil I: Kap. 2 u. 3 sowie Teil II: Kap. 1 u. 2.

migrantInnen aus den so genannten Entwicklungs- bzw. Schwellen-
ländern in die Mitte Europas; Kulturalisierung sozialer Unterschiede
zwecks ihrer Legitimation. All diese Prozesse der Migration können wir
als strukturierte Phasen und Abschnitte betrachten, die mit Entwicklung (und nicht zuletzt mit Kultur) in Verbindung stehen bzw. gebracht
werden. Gründe für Migration sind nie ganz zufällig, wie Migrationsfor-
scherin Saskia Sassen betont. Sie spricht in diesem Zusammenhang
von *Mustern*, die im Rahmen eines sich selbst regulierenden *Migra-
tionssystems* entstehen.[8]

Die strukturelle Seite der Verwandtschaft zwischen EZA und
Interkulturalität schlägt sich auch in transnationalen Nord-Süd-Beziehungen nieder. Als Beispiel kann das oft angeführte Faktum genannt
werden, dass MigrantInnen eine wichtige finanzielle Quelle für die so
genannten Entwicklungsländer bilden. Der Betrag, den MigrantInnen
in ihre Herkunftsländer überweisen, ist doppelt so hoch wie die gesam-
te offizielle Entwicklungshilfe, die von OECD-Staaten an diese Länder
geleistet wird.

Synchrone Betrachtung: Theoriepolitisch nützliche Perspektive

Die Erörterung der dritten Dimension von Überschneidungen zwischen
EZA und Interkulturalität fließt gleichsam in die Beantwortung der oben
– von mir an mich selbst – gestellten Frage ein: Was nützt uns das
Aufzeigen solcher möglicher Schnittpunkte? Die theoretisch-politische
Synchronisierung beider Bereiche kann, so meine Vermutung, in eine
theoriepolitische Richtung weisen, die, bei kritischer Betrachtung und
Analyse der gesellschaftlichen Verhältnisse, im globalen Ausmaß hilf-
reich sein kann. Wie bereits erwähnt, funktionieren EZA und
Interkulturalität auf je zwei Ebenen: Auf einer *nationalen* und einer
internationalen. Die Zusammenschau der beiden Bereiche würde eine
nützliche Korrektur bezüglich der Dualität „national/international"
bewirken, die in beiden Bereichen jeweils als „blinder Fleck" fungiert.

---

[8] Saskia Sassen (1997): Migranten, Siedler, Flüchtlinge. Von der Massen-auswanderung zur
Festung Europa. Fischer: Frankfurt/Main.

Im Bereich der Interkulturalität würde eine solche synchrone Betrachtung ermöglichen, dass in „nationaler" Hinsicht (Migration, Integration etc.) ein besseres Verständnis der Gründe, Formen und Zusammenhänge von Migration entsteht. Im „international" begriffenen Interkulturalitätskonzept wiederum würde der EZA-Bezug helfen, aufzuzeigen, dass das Problem bei interkulturellen Begegnungen nicht nur auf der Ebene der „Kultur" liegt, sondern dass solche Begegnungen vorwiegend durch Macht- und Dominanzverhältnisse, durch koloniale Vergangenheit etc. mitbestimmt werden. Die Frage des interkulturellen Managements wäre dann für den europäischen, weißen Geschäftsmann nicht so sehr die, wie sein nigerianischer Geschäftspartner „kulturgerecht" zu grüßen sei, sondern in welcher Form das bestehende, historisch und strukturell bedingte, politisch-ökonomische Ungleichgewicht zwischen den beiden Kontinenten durch diese Geschäftsleute gehandhabt wird.

Im EZA-Bereich wiederum könnte das synchrone Einbringen der interkulturellen Perspektive im „nationalen" Sinne deutlich machen, dass die „Dritte Welt" inzwischen auch in der „Ersten Welt" zu Hause ist. Die viel zitierte „nationale Entwicklungsarbeit" würde somit über die Thematisierung der fernen armen Länder zwecks Spendensammlung hinausgehen, und Entwicklungspolitik könnte auch die „NachbarInnen im eigenen Haus" in den Blick bekommen.[9] Im „internationalen" Zusammenhang würde die interkulturelle Perspektive dazu beitragen, die Rolle der Kulturalität in der EZA besser zu verstehen.[10] Schließlich darf nie vergessen werden, dass soziale Differenzen eine wichtige Komponente von Machtkämpfen ausmachen – so auch die Kulturalität,

---

[9] In Österreich sind jedenfalls das *vidc – Wiener Institut für Internationalen Dialog und Zusammenarbeit* und das *Afro-Asiatische Institut* Organisationen, die den interkulturellen Aspekt in die entwicklungspolitische Arbeit bereits seit Langem ganz gezielt – wenn auch etwas unterschiedlich – einzubringen suchen.

[10] Faschingeder, Gerald (2003): Themenverfehlung Kultur? Zur Relevanz der Kulturdebatte in den Entwicklungstheorien. In: Faschingeder, Gerald / Kolland, Franz / Wimmer, Franz M. (Hrsg.): Kultur als umkämpftes Terrain. Paradigmenwechsel in der Entwicklungspolitik? Promedia/Südwind, Wien. 9-32.

verstanden als Differenz.[11] Kurzum: Eine solche Zusammenschau der EZA und der Interkulturalität, eine Synchronisierung dieser beiden Perspektiven, die eine große gesellschaftskritische Kraft aufweisen, kann dabei helfen, die weltweit stattfindenden Machtkämpfe besser in den Blick zu bekommen: National wie international, im lokalen wie im globalen Maßstab.

Der Redlichkeit halber muss ich hinzufügen, dass ein solches Auffinden und Aufzeigen von Überschneidungen zwischen EZA und Interkulturalität ebenfalls pragmatische Motive hat. In diesem Fall wird man aber den faktischen strukturellen Bindungen der beiden Bereiche gerecht. Und die Pragmatik richtet sich nicht darauf, den eigenen disziplinär-diskursiven Tellerrand durch Einbeziehung eines anderen Tellers ein wenig zu erweitern. Es geht um das *Ganze*, wie Adorno sagen würde; um die Diagnose einer Welt, die unsere Gegenwart ausmacht und aus dessen Fetzen wir Stück für Stück ein Flickwerk, das Zukunft heißt, zu basteln suchen.

---

11 Zur „Kulturalität als Differenz" siehe: Gürses, Hakan (2009): Des Kaisers Tiere. Kann Interkulturalität Machtkritik sein? In: kulturrisse – Zeitschrift für radikaldemokratische Kulturpolitik. Heft 1: 34-39.

Bibliografie

Lernraum Interkultur – Von interkultureller Erfahrung zu interkultureller Kompetenz (2007). Potentiale und Relevanz des interkulturellen Coachings am Beispiel von Fachkräften der Entwicklungszusammenarbeit. Südwind: Wien.

Freudenschuß-Reichl, Irene / Bayer, Kurt (Hrsg.) (2008): Internationale Entwicklungspolitik und Entwicklungszusammenarbeit. Manz, Wien.

Moosmüller, Alois (2007): Interkulturelle Kommunikation aus ethnologischer Sicht. In: *ders.* (Hrsg.): Interkulturelle Kommunikation. Konturen einer wissenschaftlichen Disziplin. Waxmann, Münster.

Sassen, Saskia (1997): Migranten, Siedler, Flüchtlinge. Von der Massenauswanderung zur Festung Europa. Fischer: Frankfurt/Main.

Faschingeder, Gerald (2008): Themenverfehlung Kultur? Zur Relevanz der Kulturdebatte in den Entwicklungstheorien. In: Faschingeder, Gerald / Kolland, Franz / Wimmer, Franz M. (Hrsg.): Kultur als umkämpftes Terrain. Paradigmenwechsel in der Entwicklungspolitik? Promedia/Südwind, Wien.

Gürses, Hakan (2009): Des Kaisers Tiere. Kann Interkulturalität Machtkritik sein? In: kulturrisse – Zeitschrift für radikaldemokratische Kulturpolitik. Heft 1.

Xiuli JIANG

Das chinesische Bildungssystem in einer globalen freien Marktwirtschaft

In dieser Arbeit wird zunächst das chinesische Bildungssystem darge-legt. Danach wird es einer kritischen Analyse unterzogen.

Chinas Bildungssystem ist durch das konfuzianische Bildungsideal geprägt. Die Wissensorientierung steht vor dem Erwerb von Fähigkei-ten, was sich gegenwärtig als ein Hauptproblem des chinesischen Bil-dungssystems darstellt. Die in China vermittelten Bildungsabschlüsse sind meist wissensorientiert und wenig praxisorientiert, also zu wenig auf das Beschäftigungssystem ausgerichtet. Generell ist das chinesi-sche Bildungssystem durch die strikte Trennung von allgemeiner und beruflicher Bildung gekennzeichnet.

Erst zu Beginn des 20. Jahrhunderts wurde in China ein öffentliches Schulsystem aufgebaut. Das traditionelle China stellte die moralische Bildung in den Vordergrund und überließ die Elementarbildung den pri-vaten Haushalten. Das Mao-Regime führte zu einer weiteren Unter-brechung des Aufbaus eines Schulsystems. Die Zeit der Kulturrevolu-tion führte zur Schließung von Universitäten, Fachhochschulen und teilweise von regulären Schulen für mehrere Jahre. Eine unabdingba-re Voraussetzung für Chinas Modernisierung war erst Ende der 70er Jahre der Schwerpunkt der Wissensvermittlung. So bekam das Bil-dungswesen nach Mao's Tod einen neuen Stellenwert und Fachwis-sen stand von nun an im Vordergrund. 1986 wurde schließlich das Schulpflichtgesetz erlassen.

Neun Jahre beträgt die allgemeine Schulpflicht. Die Einschulung erfolgt mit dem 6. Lebensjahr und beginnt mit der sechsjährigen Grundschule.

Im Alter von 12 bis 14 besuchen die SchülerInnen dann die Unterstufe der Mittelschule (Sekundarstufe 1). Danach steht es den Eltern frei, den weiteren Schulweg ihrer Kinder zu wählen. Etwa ein Drittel der SchülerInnen geht in die Oberstufe, für die eine Aufnahmeprüfung notwendig ist. Die Oberschule beträgt drei Jahre. Hat man diese erfolgreich absolviert, so kann man auf eine Universität gehen (vier Jahre) oder eine zweijährige Fachhochschule besuchen. Beide Fälle setzen eine Aufnahmeprüfung voraus. Die Pflichtschule ist grundsätzlich Schulgeldfrei. Dennoch kann die Schule hohe Gebühren für Schulbücher und LehrerInnengehälter einheben. Privatschulen und Universitäten sind in der Regel sehr kostspielig. Für Kinder, die nicht in die Oberschule gehen, besteht die Möglichkeit, auf eine Fachoberschule oder Berufsfachschule zu wechseln. Diese Ausbildung beträgt 2 bis 4 Jahre und führt direkt ins Berufsleben.

In China spielt die staatlich finanzierte Bildung die wichtigste Rolle. In letzter Zeit hat sich auch die private Bildung entwickelt, die aber in bezug auf Umfang und Niveau nicht mit der staatlich finanzierten Bildung gleichgestellt werden kann.

Kindergarten/Vorschulerziehung

In China findet die Vorschulbildung in Kindergärten und Vorschulklassen im Alter von 3 bis 6 Jahren statt. Es gibt aber auch Kindergärten, die noch jüngere Kinder aufnehmen. Der Besuch ist freiwillig und gebührenpflichtig. In den Städten können über 90% aller Kinder im Alter zwischen 3 und 6 Jahren Kindergärten besuchen. Im Gegensatz dazu fehlen für viele Kinder auf dem Lande Kindergartenplätze. Im ländlichen Bereich sind nicht wenige Kinder aus wirtschaftlichen Gründen von ihren Eltern, überwiegend aber von ihren Großeltern, betreut. Das bildungspolitische Ziel, aus Gründen der Chancengleichheit, allen Kindern dieser Altersstufe einen Kindergartenplatz zu garantieren, ist bis heute nicht realisierbar.

Es gibt zwei Arten von Kindergärten in China, und zwar öffentliche und private. Die öffentlichen Kindergärten verfügen über ein ausgereiftes pädagogisches Modell, und die Kosten sind niedrig. Die privaten Kindergärten sind zwar teuer, werden aber individuell auf die Bedürfnisse der Eltern abgestimmt. Mit der Entwicklung der Marktwirtschaft hat die Zahl der privaten Kindergärten in China stark zugenommen.

Grundschulerziehung

Ab 6 Jahren gehen die Kinder in China in die Grundschule. Nach dem chinesischen Schulpflichtgesetz gilt schulgeldfreie Schulpflicht für alle Kinder. Es sind jedoch Gebühren für Lehrbücher und Nebenkosten zu bezahlen. Die Grundschulerziehung in China ist für 6 Jahre vorgesehen. Die Einschulungsrate für die Grundschulerziehung hat mehr als 98% erreicht[1].

Die Erziehung in der unteren Stufe der Mittelschule

In der unteren Stufe der Mittelschule gilt immer noch schulgeldfreie Schulpflicht. Die Erziehung in der unteren Stufe der Mittelschule in China ist für 3 Jahre vorgesehen. Dank der Schulpflicht gehen die Kinder ohne Aufnahmeprüfung von der Grundschule direkt in die Unterstufe der Mittelschule. Die Kinder können eine Mittelschule in der Nähe ihrer Wohnstätte wählen.

Die Einschulungsrate der Unterstufe der Mittelschulen beträgt 90%. Der Anteil der AnalphabetInnen unter den Jugendlichen und Menschen mittleren Alters ist seit der Einführung der neunjährigen allgemeinen Schulpflicht im Jahr 2004 auf unter 5% gesunken. Die neunjährige Schulpflicht wurde in 90% der Gebiete und Bevölkerung des Landes im Wesentlichen verwirklicht[2].

Die Oberschulbildung der Mittelschule

Die Oberschulbildung bezieht sich auf die Bildung nach der unteren Stufe der Mittelschule. Dazu gehören Oberschule, Fachoberschule, Berufsfachschule, usw. Es besteht keine Schulpflicht mehr und man muss

---

1 http://german.cri.cn/chinaabc/chapter8/chapter80202.htm (10. Sept. 2009)

2 http://www.chinaguide.de/china/bildungssystem/entwicklung.html (10. Sept. 2009)

Schulgeld bezahlen. Je nach den wirtschaftlichen Verhältnissen in den verschiedenen Landesteilen wird die Geldsumme bestimmt, die normalerweise mehrere tausend Yuan (CNY 1000,- = ca. € 100,-)[3] pro Jahr beträgt. Die Oberschulbildung in China ist meistens für 3 Jahre vorgesehen.

Hochschulbildung

Die Hochschulbildung in China besteht aus drei aufeinander aufbauenden Stufen. Die erste Stufe, die vier bis fünf Jahre dauert, führt zu einem ersten berufsqualifizierenden Abschluss, das Bakkalaureat (Bachelor); die zweite Stufe dauert in der Regel drei Jahre und wird mit dem Grad des Magisteriums (Master) abgeschlossen; die dritte Stufe ist das Promotionsstudium, das drei Jahre umfasst (Chen, 2003, S. 123).

Für das Studium an den Hochschulen in China muss eine einheitliche Aufnahmeprüfung erfolgreich absolviert werden. Je nach eigener Wahl und den erzielten Noten bei der Prüfung werden die AbiturientInnen in verschiedenen Hochschulen und Universitäten aufgenommen. Die Prüfungsaufgaben werden vom chinesischen Bildungsministerium oder von den Bildungsbehörden der verschiedenen Provinzen erstellt. Dabei wird auch eine Notengrenze für die Zulassung festgelegt.

Bei der Hochschulbildung dominieren die öffentlichen Institutionen. Nur die AbiturientInnen, die durch die Zulassungsprüfung der öffentlichen Universitäten und Hochschulen fallen, oder die Berufstätigen, die sich weiter ausbilden lassen, entscheiden sich für private Hochschulen, Hochschulen für Rundfunk und Fernsehen oder Hochschulen für Erwachsene (Selbststudium)[4].

Eine kritische Analyse des chinesischen Bildungssystems zeigt folgenden Verbesserungsbedarf auf:

Die chinesischen Hochschulen haben ein sehr starres Bildungsangebot. Beispielsweise ist ein Hochschulwechsel bzw. Fachwechsel während des Studiums nicht möglich.

---

[3] Wechselkurs vom 21.09.2009

[4] http://www.chinaguide.de/china/bildungssystem/entwicklung.html (10. Sept. 2009)

Das Prüfungswesen führt zu extremem Konkurrenzdenken und setzt möglicherweise falsche Akzente. Fähigkeiten und Fertigkeiten, die nicht Gegenstand von Prüfungen sind, werden vernachlässigt. Die Gründe liegen in den tradierten Werten und im Mangel an Ausbildungs- und vor allem an Studien- sowie Arbeitsplätzen. Um in China einen guten Arbeitsplatz zu erhalten, ist der höhere Bildungsabschluss unabdingbar. Die Eltern und die Familien unterstützen ihre Kinder dabei und üben sicherlich einen großen Druck aus. Dieser Konkurrenzdruck fängt bereits in der Grundschule an.

Die Bildung ist ausschließlich auf die Reproduzierung von Inhalten ausgerichtet, weniger, kaum oder überhaupt nicht auf den intellektuellen Inhalt und auf Kreativität und Eigeninitiative. Einzig und allein die Erzielung von guten Noten ist für die SchülerInnen wichtig. Das Bildungswesen erzieht seine SchülerInnen dazu, große Mengen von Texten auswendig zu lernen, ohne dass sie diese reflektieren müssen, wie der Artikel „Himmel, Kaiser, Lehrer" hervorhebt: „Immer gilt nur die Antwort des Lehrers. Nie ist unsere eigene Meinung gefragt. ... unser Prüfungssystem verhindert Kreativität. Wir vermitteln den Schülern zu viel mechanisches Wissen. Warum werden in China vorwiegend deutsche Autos gebaut? Wegen unseres Mangels an Kreativität und selbständigem Denken!"[5].

Dieser Mangel ist manchen bewusst und es gibt die provokante Frage des singapurianischen Spitzendiplomaten Kishore Mahbubani: „Können Asiaten denken?". Die Beobachtungen und Gespräche mit europäischen Managern in China haben ergeben, dass selbständiges Denken „keine typisch chinesische Eigenschaft ist" (Pirker, 2006, S. 22).

Die Hochschulen können in ihrer Aufnahmekapazität bei weitem nicht mit dem gesellschaftlichen Bedarf an Hochschulbildung Schritt halten. Beispielsweise kamen 1998 auf 100.000 chinesischer BürgerInnen durchschnittlich nur 504 Studierende und die Quote ist auch heute noch sehr unbefriedigend. Nur ca. 9% der 18-21jährigen Jugendlichen

---

[5] Himmel, Kaiser, Lehrer. In: http://www.zeit.de/2001/28/200128_china_schulen_xml (10. Sept. 2009)

können studieren (einschließlich derer, die an den Erwachsenenhochschulen studieren). Die Regierung hat daher beschlossen, diese Zahl im Jahr 2000 auf 11% und bis zum Jahr 2010 auf 15% zu erhöhen (Chen, 2003, S. 125). In den letzten Jahren wurden jährlich von den ca. 2 Millionen Studienbewerbenden nur etwa die Hälfte zum Studium zugelassen (Chen, 2003, S. 122).

Viel länger als in anderen Ländern war das Bildungsverständnis der chinesischen Schule von der Missachtung handwerklicher und technischer Fähigkeiten und praktischer, insbesondere körperlicher Tätigkeiten gekennzeichnet. Diese Abwertung zugunsten der höheren allgemeinen Bildung wirkt bis heute in China nach. Trotz geringer Aufnahmequote gelten das Studium und ein späterer akademischer Beruf für sehr viele Eltern und SchülerInnen als einzig erstrebenswerte Perspektive. Die Folge dieser hohen Bildungsaspiration ist jedoch, dass jedes Jahr Millionen chinesischer Schulabsolventen weder an den Hochschulen zugelassen werden noch über eine berufliche Ausbildung verfügen, d.h. unqualifiziert auf den Arbeitsmarkt kommen. Die Bildungsaspirationen und -verhaltensweisen haben ihre Wurzeln in der chinesischen Feudalgeschichte. Nicht fachliche Kompetenzen, sondern eine hohe Allgemeinbildung, moralische Integrität und Leistungsbereitschaft waren für die Übernahme staatlicher Verwaltungsaufgaben gefordert. Die weitere Folge der geringen Aufnahmekapazität verursacht die Verlangsamung einer umfassenden Verbesserung hin zu einer praxisorientierten Bildung.

Die „zwei Gesichter" der chinesischen Bildung

Es gibt in China zwischen den östlichen und westlichen Provinzen ein großes wirtschaftliches Gefälle. Der Osten und vor allem die Küstengebiete sind hoch entwickelt. Im Westen herrscht Armut und wirtschaftliche Unterentwicklung. Infolgedessen hat auch das Erziehungswesen Chinas zwei Gesichter. Es gibt die neunjährige Schulpflicht, die weitgehend im ganzen Staat umgesetzt wird. Allerdings ist diese Schulpflicht auf dem Land und in den unterentwickelten Gebieten unvollständig durchgeführt, deswegen gibt es dort immer noch einen relativ hohen Anteil an AnalphabetInnen. In den Städten ist die Situation viel besser. Andererseits gibt es kostspielige Kindergärten, in denen bereits dreijährige Kleinkinder Englisch lernen können. Solche Kindergärten sind aber für die meisten BürgerInnen finanziell unerschwinglich.

Ungleichheit in der Bildung für Frauen

Frauen nehmen weniger als die Hälfte der Bevölkerung Chinas ein. Die Statistik zeigt eine Proportion zwischen Frauen und Männern von 1:1,2[6]. Im Jahr 2004 betrug die Quote des Grundschulbesuches von Buben und Mädchen zwar 98,97% bzw. 98,93%. Im Jahr 2004 belief sich die Analphabetinnenquote (ab 15 Jahren) dennoch in der Stadt und Umgebung auf 8,2%, auf dem Land auf 16,9%. Es muss gesagt werden, dass Frauen bezüglich der Bildung mit Männern nicht gleichberechtigt sind. Buben werden von ihren Eltern deutlich bevorzugt. Dieses Phänomen ist besonders verbreitet auf dem Land. Dort herrscht heute noch die Meinung, es wäre überhaupt nicht notwendig, dass Frauen in die Schule gehen. Auch heute ist diese Einstellung auf dem Land und in armen Gebieten immer noch tief verwurzelt.

Schlussfolgerung

Jahrhundertelang wurde das allgemeine chinesische Bildungssystem vom konfuzianischen Bildungsideal geprägt. Die Moral war an vorderster Stelle aller erzieherischen Maßnahmen und prägte sozusagen den Bildungsinhalt. In der Theorie besitzen die konfuzianischen Bildungsansätze im heutigen China zum größten Teil noch ihre Gültigkeit. Denn in Wirklichkeit ist niemand im heutigen China bereit, die konfuzianischen erzieherischen Prinzipien der Vergangenheit zu überlassen. Hier einige dieser Prinzipien: die Gleichberechtigung aller SchülerInnen in der Erziehung, Schülerinnen je nach ihrem Aufnahmevermögen zu unterrichten, eine heuristische Lehrmethode, ein demokratisches LehrerInnen-SchülerInnenverhältnis, selbstständiges, kreatives

---

[6] http://www.cnr.cn/news/t20050824_504097684.html (10. Sept. 2009)

Denken, die Vorbildwirkung der Lehrenden, die Liebe der Lehrenden für die SchülerInnen, der Respekt der SchülerInnen für die Lehrenden, die Verbindung von Theorie und Praxis, das Prinzip lebenslangen Lernens, die Vorrangigkeit der Moralerziehung usw.

Aber die genauere Betrachtung des heutigen chinesischen Bildungssystems, das ich oben darzustellen versuchte, zeigt, dass China sich bereits den globalen Erziehungsmethoden erschlossen hat. Indes verliert die konfuzianisch geprägte Bildung mit zunehmender Verankerung der chinesischen Wirtschaft in der globalen Marktwirtschaft so rasant an Bedeutung. Es gibt jedoch hier und dort PädagogInnen, die sich fragen, ob diese rasante Veränderung im chinesischen Bildungswesen in der Lage sei, den unberechenbaren Stürmen der freien Marktwirtschaft nachhaltig zu trotzen. So stellt sich die Frage, ob Konfuzius' Bildungsgrundsätze im Zeitalter der Globalisierung noch gelten und ob sich eine tausend Jahre alte Methode so umformen lässt, dass sie für eine global beeinflusste moderne Pädagogik eine wirksame Hilfe sein könne. Zweifelsohne. Es gibt keine Prinzipien, die für immer absolute Gültigkeit besitzen. Aber ich betrachte die erzieherischen Gedanken von Konfuzius als umfassend und tiefgehend. Sie könnten sich der Gegenwart anpassen, um sie für eine globale Pädagogik nützlich zu machen.

Bibliographie

Pirker, Christian (2006): Aspekte der Entwicklung des chinesischen Bildungswesens und der Bildungswissenschaft von der Zeit um 1900 bis zur Gegenwart: von der konfuzianischen Untertänigkeit zum selbstständigen Denken in der Wissensgesellschaft? Klagenfurt: Abt. für Historische und Systematische Pädagogik, Univ. Klagenfurt.

Chen, Hongjie (2003): Neuere Entwicklungen im chinesischen Hochschulwesen. Fu-Sheng Franke, Renata / Mitter, Wolfgang (Hrsg.): Das Bildungswesen in China. Köln; Wien [u.a.] Böhlau.

Abschnitt 2
Religion – Migration

Espérance-François Ngayibata Bulayumi

Religion in den aktuellen Migrationsauseinandersetzungen

Hinführung

Könnte man angesichts der immer wiederkehrenden Frage nach der Religion in den aktuellen Migrationauseinandersetzungen in Europa nicht bejahen, dass die Frage nach der Religion wegen der Migration und Integration ins öffentliche Bewusstsein zurückgekehrt ist?

Menschheitsgeschichte ist auch Migrationsgeschichte. Denn Migration existiert seit Menschengedenken. Neben der Natalität und Mortalität ist sie eine der drei Säulen der demographischen Entwicklung. Nun war die eurozentrische moderne Soziologie bei ihrer Entstehung in der zweiten Hälfte des 19. Jahrhunderts von der Vorstellung ausgegangen, dass Nationalstaaten kulturell relativ homogene politische Gebilde sind (Pries 2001).

Heute ist die Migration ein wesentliches Betrachtungselement der Globalsoziologie, weil wir bereits in einer zunehmend sichtbaren interdependenten Welt leben. Und die moderne Migration trägt wesentlich zur Sichtbarmachung dieser interdependenten Welt bei, indem sie nun die immerwährende Veränderlichkeit der Welt veranschaulicht. Denn die Welt ist niemals eine statisch festgelegte Größe, sondern sie ist dynamisch in steter Bewegung und Fortbildung. So ist die „Menschenwelt" eine offene Welt mit fließenden Grenzen, die beständig durchbrochen und erweitert werden (Coreth 1980, S. 65). Darum spielt die Migration als eine Säule der demographischen Veränderung eine große Rolle bei der Fortbildung der „Welt".

Ein knappes Zehntel aller Menschen sind nicht im Land ihrer Geburt und/oder ihrer staatsbürgerlichen Rechte „ansässig". Arbeitsmigration hier, Flüchtlinge dort. Fremdenpolitisch betrachtet sind ArbeitsmigrantInnen keine Flüchtlinge. Die Genfer Flüchtlingskonvention sagt genau, wer Flüchtling ist oder nicht. Aber ist es sinnvoll, die Arbeitsmigration grundsätzlich als freiwillig zu bezeichnen? Oder liegen ihr nicht in aller Regel so starke strukturelle Zwänge zu Grunde, dass viele Menschen nicht umhin kommen, ihre Heimat und Familie zu verlassen? Umgekehrt wird immer gefragt, ob es sich bei jenen, die hierzulande politisches Asyl beantragen, tatsächlich um politisch Verfolgte oder nicht doch um „Wirtschaftsflüchtlinge" und verkappte Arbeitsemigranten handle. Auch wenn die Abgrenzung zwischen Arbeits- und Fluchtmigration in der Praxis nur schwer vorzunehmen ist, so bestimmen strukturelle, ökonomische Zwänge die internationale Migration im Allgemeinen. Daher konzentriert sich die moderne migrationsorientierte Soziologie auf die Fragen, warum welche Bevölkerungsgruppen in welcher Form grenzüberschreitend wandern, welche sozialen, religiösen, kulturellen, ökonomischen und politischen Wirkungen dies auf die Herkunfts- und Ankunftsgesellschaften hat, und wie sich die MigrantInnen in die Ankunftsgesellschaften integrieren. Die klassische migrationsorientierte Soziologie behandelt internationale Wanderungsprozesse vorwiegend als ein- oder zweimalige Ortsveränderungen (Aus-/Einwanderung oder Rückkehrwanderung). Sie sind schwerpunktmäßig auf die Erforschung der Begleitumstände und Integrationsmechanismen in den Ankunftsregionen bezogen.

Das Wesen der Religion – Ein Definitionsversuch

Die Überzeugung vieler Menschen, dass der Mensch unreligiös sein oder leben kann, ist nicht zu leugnen. Diese Erkenntnis hindert mich aber nicht, meine Überzeugung hinsichtlich der menschlichen Religiosität aufzuzeigen: Der Mensch ist ein religiöses Wesen, seine Religiosität stützt sich auf Tradition, immer wiederkehrender Riten und Gebräuche sowie auf verschiedenste Begegnungen, die ihn in diversen

Phasen seines Lebens als wesentliche orientieren und prägen. In diesem Sinne kann Migrationsgeschichte zum Teil als Religionsgeschichte gesehen werden. Die europäische Religionsgeschichte ist ein deutlicher Beweis dafür, wie die Religionen der vorderasiatischen Räume (Judentum, Christentum und Islam) hier heimisch geworden sind. Auch die Siedlungsgeschichte in Amerika oder die Voodoo-Gemeinden in Brasilien und Kuba sind deutliche Spuren, die bezeugen, dass Migration Trägerin des Religionspluralismus ist. Deshalb rechtfertigt sich die Beschäftigung mit den Religionen und der Religiosität der MigrantInnen in der AAI-Reihe „Kulturelle Identitäten im Zeitalter der Globalisierung" anlässlich des 50jährigen Jubiläums des Afro-Asiatischen Institutes in Wien.

Zuvor aber versuchen wir den Begriff „Religion" zu definieren: Es ist nicht so einfach mit der Definition der Religion. Jeder kennt diesen Begriff. Aber sobald man in die Tiefe zu gehen versucht, merkt man schnell wie schwierig es ist, Religion zu definieren. Denn es gibt keine wissenschaftlich allgemein anerkannte Definition des Begriffs Religion. Cicero geht von „relegere" aus. Im Sinne Ciceros bedeutet der Begriff „Religion" Nachdenklichkeit gegenüber einer wichtigen Sache, Gewissenhaftigkeit gegenüber Personen und Sachen, Scheu und Andacht sowie peinliche Pflichterfüllung gegenüber höheren Mächten. (Cicero, De natura deorum II). Augustinus leitet das Wort von „religere" ab, das bedeutet „anbinden". Er meint „anbinden an die Gottheit". Gelegentlich leitet er das Wort auch von „re-ligere" ab, d.h. „wieder erwählen" (retract 1,13; in: König 1956, S. 703). Religion kann den ganzen „Vorstellungs-, Einstellungs- und Handlungsbereich" eines Menschen umfassen. Islam ist einfach als „al-Islam" zu verstehen, d.h. Hingabe an den Willen Gottes. In diesem Sinne erweist sich Religion als ein wesentlicher Teil der Kultur. „Religion prägt die Kultur und wird von der Kultur geprägt. Aus dieser Perspektive wird deutlich, dass beide in einem pragmatischen Zusammenhang stehen. Religionen werden so weder als wahr noch als falsch betrachtet, vielmehr werden sie als individuell wie kollektiv bedeutungsvoll und wirksam anerkannt. Religion interpretiert und integriert alltägliche Erfahrungen in ein zum Teil loses System von transzendenten Wahrheiten und Handlungsorientierungen. Religion ist ein Pool von Sinn- und Handlungspräferenzen, auch in Form von Gewohnheiten eines Einzelnen oder einer Gruppe von Menschen, und schließt Rituale und Glaubenswahrheiten, Autoritäts- und Ordnungsvorstellungen sowie Gesellungsformen und emotionale wie ästhetische Präferenzbildungen mit ein (Klinkhammer 2004, S. 13)."

Integration und Religiosität – Religionsausübung unter fremdem Himmel

MigrantInnen nehmen nicht nur materielle Güter, handwerkliche Fertigkeiten und soziale Lebensformen aus ihrem Ursprungsland mit. Sie sind ebenso mit religiös beeinflussten Werten und Handlungspraktiken unterwegs, die aber unter neuem Himmel und unter neuen Gegebenheiten bewusst herausgestrichen oder abgelehnt werden, wie Martin Baumann hervorhebt: „Nicht alle Migranten sind jedoch religiös und religiöser: In der neuen Umwelt können die heimatlichen religiösen Bindungen und Orientierungen verloren gehen, manch einer legt sie auch bewusst ab. ‚Verloren gehen' bedeutet hier, dass sich die Zuwanderer nicht nur in sozialen und ökonomischen, sondern auch in kulturellen und religiösen Anschauungen weitgehend der Aufnahmegesellschaft anpassen. Eine solche Assimilation bedeutet mit Blick auf Religion Konversion, die Aufgabe der mitgebrachten religiösen Orientierung. Der Prozess kann schon in der ersten Generation, stärker jedoch in den Folgegenerationen einsetzen. Der Wunsch nach sozialer Integration und gesellschaftlicher Akzeptanz führt zum Ablegen der kulturell-religiösen Besonderheit. Andererseits kann die Gefahr des Verlustes dazu führen, gerade ein neues und gesteigertes Interesse an den eigenen kulturellen Bräuchen und religiösen Inhalten zu wecken. In der Fremdheitssituation rücken die religiösen Bindungen gewissermaßen von einem latent vorhandenen Dasein an die *Oberfläche*. Sie werden bewusst bzw. bewusster wahrgenommen. Die Wahrnehmung der eigenen religiösen Zugehörigkeit in der Abgrenzung zu anderen Glaubensansprüchen und in einer rechtlich säkular verfassten Gesellschaft lässt die eigene Religion in neuem Licht erscheinen" (Baumann 2004, S. 20).

Dass der Faktor Religion in den neueren Integrationsdiskursen als Störfaktor betrachtet wird, hat Ursachen in der Aufnahmegesellschaft wie auch in den zugewanderten Gruppierungen. Daher sollte der Begriff „Integrationslüge" besonders mit Einfühlungsvermögen immer wieder bei Integrationsauseinandersetzungen dargestellt werden, um das Provisoriumsdasein von „Gastarbeitern" als eine Integrationsbarriere in den Aufnahmegesellschaften wahrzunehmen. Denn solange die arbeitenden MigrantInnen ihr provisorisches Dasein in den 60er-Jahren in den Industriezentren Österreichs und Deutschlands führten, störten deren religiöse Ausübungen in Privaträumen oder in den Räumlichkeiten wohltätiger Organisationen kaum jemanden. Erst mit der Niederlassung islamisch geprägter Familien stellen sich auch Politik und Gesellschaft die Frage nach dem Umgang mit der Religion.

Religion wird oft dann als Störfaktor wahrgenommen, wenn sie sichtbar wird und wenn in ihrem Namen gleichberechtigte Teilhabe selbstbewusst eingefordert wird. Konflikte um Moscheebauten oder das religiös begründete Kopftuch führen uns dies in aller Deutlichkeit vor Augen. Dadurch ist in Europa die Frage nach der Religion ins öffentliche Bewusstsein zurückgekehrt.

Anhand der Migrationsprozesse wie sie in Deutschland und in Österreich seit den 60er-Jahren stattfinden, können wir sehen, wie Migration zur Ausformung einer religiös-pluralistischen Gesellschaft beiträgt. Die Geschichte muslimischer Migrantinnen und Migranten veranschaulicht dies. Denn die Etablierung aktiver religiöser Gemeinschaften gliedert sich eindeutig in drei Abschnitte:

a) die Zeit der Religionsausübung in Privaträumen,

b) die Zeit der Vereinslokale,

c) die Institutionalisierung von Religionen der MigrantInnen.

Trotz des Status einer Körperschaft des öffentlichen Rechts seit 1912, das auf dem „Anerkennungsgesetz von 1874" basiert – der Islam als anerkannte Religionsgemeinschaft in der Österreichisch-Ungarischen Monarchie – ist der Beginn des Prozesses der Anerkennung des Islam als Religionsgemeinschaft in der Zweiten Republik mit dem Zuzug der muslimischen, arbeitenden MigrantInnen in den 1960er-Jahren gleichzusetzen.

Während des Zuzugs der arbeitenden muslimischen MigrantInnen (Gastarbeiter) zu Beginn der 60er-Jahre in Österreich, beschränkten sich religiöse Handlungen der arbeitenden muslimischen MigrantInnen hauptsächlich auf den privaten Bereich. Freitagsgebete fanden in Räumlichkeiten von Wohlfahrtsverbänden oder in den provisorischen Gebetsräumen auf Fabriksgeländen bzw. in Wohnheimen statt. Das Interesse an der Tradierung religiöser Vorstellungen war unter den MigrantInnen der ersten Phase aufgrund der „Abwesenheit von Familien der betroffenen MigrantInnen in der Aufnahmegesellschaft" nur schwach ausgeprägt.

In der zweiten Hälfte der 1970er nahm das Interesse an religiösen Aktivitäten unter den Migrantinnen und Migranten nachhaltig zu. Die steigende Zahl von Familienzusammenführungen hat den Prozess der Reaktivierung des Islam-Status beschleunigt. Somit konstituierte sich 1979 die IGGiÖ (Islamische Glaubensgemeinschaft in Österreich) als anerkannte Religionsgemeinschaft in Österreich aufgrund des „Islamgesetzes" von 1912.

Für die übrigen MigrantInnenreligionen lassen sich in Österreich vergleichbare Entwicklungen anstellen. Gegenwärtig ermöglicht die wenig zufriedenstellende Datenbasis bei diesem Punkt aber nur sehr pauschale Angaben. Derzeit gibt es anscheinend keine systematische Forschung in diese Richtung. Dabei gilt es, die jeweils spezifischen Rahmenbedingungen zu berücksichtigen, die bei den einzelnen Traditionen zu signifikanten Unterschieden geführt haben. Als Beispiel lassen sich die Religionsgemeinschaften aus asiatischen Ländern nennen. Sie zeichnen sich – abgesehen von atheistischen Chinesen und katholischen Philippinen – zunächst durch eine vergleichsweise geringe Anzahl von MigrantInnen aus. Dieser Aspekt erleichtert die unauffällige religiöse Etablierung asiatischer Traditionen in der österreichischen Gesellschaft. Hinzu kommt das ausgeprägte Interesse von Seiten der mitteleuropäischen Gesellschaft an fernöstlichen Religionen. Die punktuelle Etablierung buddhistischer oder hinduistischer Communities vollzieht sich aus diesen Gründen konfliktärmer als dies bei den meisten muslimischen Gemeinschaften der Fall ist.

Ein völlig anderes Bild ergibt sich für die Entwicklung von christlichen MigrantInnengruppen der Philippinen, aus Afrika oder Lateinamerika. KatholikInnen und koptische ChristInnen (äthiopische und ägyptische) konnten bereits auf eine bestehende Infrastruktur zurückgreifen (zum Beispiel in der kategorialen Seelsorge). Christliche Gemeinden vor Ort stellten Kirchenräume zur Verfügung und die Zusammenarbeit mit der österreichischen Kirchenverwaltung vollzog sich zum Teil reibungslos. Anders verhält es sich bei den charismatisch oder evangelikal geprägten Gemeindegründungen aus Afrika. Sie wurden zumeist unabhängig von großen Konfessionen geplant und durchgeführt. Der Aufbau eigener organisatorischer Strukturen ist in diesem Bereich noch nicht abgeschlossen. Die Akzeptanz in der österreichischen Gesellschaft lässt sich für die nähere Zukunft schwer prognostizieren.

Religion – ein Vehikel für den Integrationsprozess

Die Entwicklung der Migration in Europa in den letzten 50 Jahren bezeugt in aller Deutlichkeit, dass die Auseinandersetzung mit der Problematik der Integration untrennbar mit der Frage nach den Religionen der MigrantInnen in den Aufnahmegesellschaften verbunden ist. Dies wurde bereits im Laufe dieser Erörterung thematisiert, indem neue von Migrationsbewegungen hervorgebrachte religiöse soziokulturelle Strukturen und Veränderungen in den Aufnahmegesellschaften als Folge dieser Entwicklung dargestellt wurden. Indes ist der Aufenthalt in der Aufnahmegesellschaft für jede immigrierte Person eine sozioökonomische, kulturelle und spirituelle Zäsur, also ein biographischer Paradigmenwechsel, der bei ihr unerlässlich viele existentielle Fragen hervorruft, wie zum Beispiel: Wie werde ich meine Religiosität in der neuen Heimat erleben? Wie und wo soll ich begraben werden? Wie und wo sollen meine Nachkommen erzogen werden? So gesehen wäre die Religion als **ein** wichtiges Instrumentarium für die Integration zu betrachten; sie wäre es nicht, wenn sie als Bollwerk gegen sozioökonomische und kulturelle Integration benützt werden würde. Denn die sozioökonomische Integration macht die religiöse Integration nachhaltig. Sie unterstützt die Integration der Religionen der Immigrierten in ihrer jeweiligen neuen Heimat. Das bedeutet, dass die Religionen der Zugewanderten von sozioökonomischen Erfolgen ihrer Mitglieder profitieren können. Deshalb kann der Wirtschaftserfolg der zugewanderten Gruppen als eine nachhaltige Stütze zur Integration ihrer Religionen gesehen werden. Das ist die Kernaussage dessen, was in dieser Erörterung zur Sprache gebracht werden sollte, nämlich das Wechselverhältnis von Migration, Religion und Integration, damit es klar wird, wenn behauptet wird: Die Religion ist ein Vehikel für die Integration. Denn der Wohlstand der integrierten MigrantInnen erleichtert in vielen Fällen die Errichtung von Kultushäusern, Bildungs- und Grabstätten, etc. Einrichtungen, die zum Teil den Zugewanderten nachhaltig vermitteln: *„Hier bist Du zuhause"*. Daher neigen Migrantinnen und Migranten – so wie in den verschiedensten Lebensbereichen –, allzu oft dazu, für die religiösen Belange eigene religiöse Institutionen zu gründen und diese in der Aufnahmegesellschaft zu verankern. Diese religiösen Unternehmungen können als Beitrag zur religiös-pluralistischen Gesell-schaft betrachtet werden – wenn die Rechtsstaatlichkeit es erlaubt. In diesem Sinne wäre die Religion eine Begleiterin der Migration und als Vehikel des Integrationsprozesses zu bezeichnen. Denn Sie hat eine große Bedeutung und Wichtigkeit für die Integration vieler MigrantInnen in der Aufnahmegesellschaft. Deshalb wäre es erstrebenswert, Debatten um Fragen der Migration und Integration zu versachlichen und insbesondere die Frage nach dem Stellenwert von Religion zu entdramatisieren.

---

*) Vgl.: Moscheen des 21. Jahrhunderts: Muslime, die sich in Europa zuhause fühlen, haben auch Anspruch auf würdige Gebets- und Versammlungsorte. Welche Rolle die Architektur dabei spielt, damit befasste sich am 04.09.2009 eine Tagung im Architekturzentrum Wien unter dem Titel „Moscheen heute" (http://oe1.orf.at/inforadio/112361.html?filter=5).

Bibliographie

Klinkhammer, Gritt (2004): Religion – Migration – Integration – eine Einführung. In: Religion – Migration – Integration in Wissenschaft, Politik und Gesellschaft. Hrsg.: Beauftragte der Bundesregierung für Migration, Flüchtlinge und Integration, Berlin.

Baumann, Martin (2004): Religion und ihre Bedeutung für Migranten – Zur Parallelität von „fremd"-religiöser Loyalität und gesellschaftlicher Integration. In: Religion – Migration – Integration. In: Wissenschaft, Politik und Gesellschaft. Hrsg.: Beauftragte der Bundesregierung für Migration, Flüchtlinge und Integration, Berlin.

Simon, Benjamin (2003): Afrikanische Kirchen in Deutschland. Verlag Otto Lembek, Frankfurt/Main.

Pries, Ludger (2001): Internationale Migration, transcript Verlag, Bielefeld.

Coreth, Emerich ([3]1980): Was ist der Mensch? Grundzüge einer philosophischen Anthropologie. Tyrolia-Verlag, Innsbruck.

Franz König (1956): Religionswissenschaftliches Wörterbuch. Die Grundbegriffe. Herder.

Espérance-François Ng. Bulayumi (2009): Dealer wider Willen? Wege afrikanischer Migrantinnen und Migranten nach/und in Österreich. aa-info-haus, Wien.

Maria Six-Hohenbalken

Die Bedeutung von Religion für multiple Identitätskonstruktionen

Wenn religiöse Funktionäre und Würdenträger des Alevitentums zunehmend transnationale Akteure werden und zwischen den Herkunfts- und den verschiedenen Migrationsländern zirkulieren, um Kommunitäten zu betreuen, wenn in Deutschland heute beispielsweise mehr YezidInnen leben, als im Herkunftsland Türkei und junge YezidInnen für eine Neuorientierung der Religionsgemeinschaft plädieren, wenn zahlreiche transnational agierende Sufi-Bewegungen nicht alleine eine Alternative zur orthodoxen islamischen Orientierung bieten, sondern auch einen Zulauf von NichtmuslimInnen verzeichnen, so kann von einem „globalen religiösen Wandel" gesprochen werden (vgl. Vertovec 2001).

SozialanthropologInnen wie auch ReligionswissenschaftlerInnen haben festgestellt, dass in Studien zu Globalisierung Religion zu lange vernachlässigt wurde. Verbesserte Verkehrs- und Informationstechnologien haben es auch religiösen Gemeinschaften ermöglicht, vermehrt transnational zu handeln. Das Internet und Satelliten-TV spielen eine wichtige Rolle, um Dienstleistungen anzubieten oder Diskussionen über religiöse Inhalte und Praxen zu ermöglichen. Die Vernachlässigung religiöser Themenbereiche in den Forschungen zu Globalisierung scheint paradox, da viele religiöse Bewegungen (beispielsweise der Katholizismus, diverse Sufiorden) immer über Staatsgrenzen hinweg agierten, universelle Identitäten geschaffen haben und zu globalen Bewegungen mit lokalen Ausformungen angewachsen sind (vgl. Levitt 2001).

Globale religiöse Netzwerke haben Rückwirkungen auf die Religion, auf das Dogma wie auf die Praxis. MigrantInnen sind gezwungen auf die Gegebenheiten in den Aufnahmeländern Bezug zu nehmen, bestimmte religiöse Inhalte und Vorschriften neu zu interpretieren und den jeweiligen, sich auch im Laufe der Zeit verändernden, nationalen Vorgaben anzupassen.

In den 1970er-Jahren wurde die Errichtung von religiösen Versammlungsstätten, Bethäusern, Tempeln und Moscheen in mitteleuropäischen Städten als ein Zeichen für deren kosmopolitischen Charakter hochgehalten. Im letzten Jahrzehnt kann man eine Provinzialisierung im öffentlichen Diskurs feststellen – religiösen Einrichtungen im öffentlichen Raum wird mit Skepsis, Ablehnung und oft mit xenophoben Einstellungen begegnet (vgl. Allevi/Nielsen 2004; Göle/Ammann 2004). Je nach den nationalen Bedingungen sind transnationale religiöse Strömungen daher unterschiedlich territorial verankert. In den Residenzgesellschaften stellt Religion einen wesentlichen Faktor für die Inklusion beziehungsweise Exklusion dar, kann ausschlaggebend für die Herausbildung von Gemeinschaften wie auch ein wichtiges Bindeglied zur Herkunftsgesellschaft sein. Religiöse Zugehörigkeit kann ein wesentliches Element in den multiplen Identitätskonstruktionen von (Trans)MigrantInnen der ersten und Nachfolgegenerationen darstellen, da Religion als Konnex über ethnische Grenzziehungen hinaus fungieren, aber sich auch zu einer Konkurrenzkategorie zu den politisch motivierten Initiativen und Einrichtungen entwickeln kann (vgl. Vertovec 2001: 26 ff). Die Herausbildung globaler religiöser Identitäten, die Reinterpretation und Vereinheitlichung religiöser Praxen, die Vernetzung religiöser und politischer Aktivitäten sind einige der möglichen Auswirkungen in einer globalisierten Welt. Wenn verschiedene Orte durch religiöse Handlungen verbunden sind, entstehen neue religiöse wie auch soziale und kulturelle ‚spaces'. Werbner und Metcalf bezeichnen diese Entwicklung als „global sacred geography" (vgl. Werbner/ Metcalf in Vertovec 2001: 19).

Religiöses Zugehörigkeitsgefühl kann eine Alternative in den ethno-nationalen und politischen Identitätsprozessen spielen. „Religious icons and sacred shrines, rather than national flags, proclaim these religious spaces. The moral and physical geographies that result may fall within national boundaries, transcend but coexist with them, or create an additional place that supercedes national borders" (Levitt 2001: 20). In den multiplen, fluiden Identitätskonstruktionen kann die Zugehörigkeit zu einer religiösen Gemeinschaft in Phasen von Unsicherheit nicht nur soziale und finanzielle Hilfe bieten, sondern auch moralische Unterstützung in Orientierungsfragen. Religion kann als *guide-line* fungieren, als „living embodiment of universal and timeless truths" (Chen 2001 in Levitt 2001, 22).

In den Debatten um Integration neuer StaatsbürgerInnen und Möglichkeit von Doppelstaatsbürgerschaft etwa, ist die politische Loyalität und die Frage nach den Beziehungen zur Herkunftsgesellschaft (der Eltern) im Interesse der Entsende- wie auch der Empfängerländer. Religion kann ein Bindeglied zum Herkunftsland (der Eltern) sein, auch wenn bereits eine neue Staatsbürgerschaft angenommen und keine Rückkehrabsichten mehr geäußert werden. Die Einflussnahme der Herkunftsländer auf EmigrantInnen kann über die Religion erfolgen, indem auf die Ausbildung der Religionspädagogen eingewirkt oder der Aufbau religiöser Organisationen oder Andachtsstätten finanziell unterstützt wird.

Nationalstaaten haben direkt und indirekt die Bedeutung von Religion unterstrichen, religiöse Themenbereiche in den Prozess der Nationswerdung eingeschlossen und erkannt, dass Religion ein Faktor ist, um eine emotionale Verbundenheit zu kreieren (vgl. Van der Veer 2001).

Religiöse Orientierungen von MigrantInnen sind jedoch nicht einfach Reproduktionen religiöser Praxen aus dem Heimatland. Meist kann in den ersten Phasen des Migrationsprozesses die Entwicklung von Organisationen festgestellt werden, die sich eng an Vorbilder in der Heimat orientiert, wobei hier die Einflussnahme seitens der Herkunftsgesellschaft um Autorität zu zentralisieren oder Loyalität einzufordern noch sehr groß sein kann. Spätestens wenn es um die Orientierung der zweiten Generation geht, werden Diskussionen um die „wahre Religion" geführt, vermehrt kann die Hinwendung zu religiöser Doktrin wie auch das Interesse an Erneuerungsbewegungen[1] festgestellt werden. Diese Auseinandersetzung mit Glaubensvorstellungen und Traditionen aus den Herkunftsländern der Eltern wird der zweiten Generation neuerdings auch zum Vorwurf gemacht und ihnen ein Radikalismus unterstellt. In den Aufnahmeländern herrscht oft eine Politik des „othering"[2] gegenüber ethnischen, sprachlich oder religiös diversen Einwandernden. Eine Reaktion auf diese Exklusionsmechanismen kann eine Konzentration auf Normen, Werte und Traditionen der Herkunftsgesellschaft sein. Neue Formen von religiösem oder ethnischem Selbstbewusstsein sind aber oft erst durch die Migration entstanden. Diese Besinnung auf Wertvorstellungen, die in der Heimat (der Eltern) oft nicht in dem Ausmaß praktiziert oder bewusst erfahren wurden, ermöglichen selbst einen aktiven Part in der Politik des ‚othering' einzunehmen. Dabei kann Religion einen besonderen Stellenwert als sinnstiftendes Element einnehmen.

Gerd Baumann stellte in einer Forschung im multiethnischen Londoner Stadtteil Southall fest, dass Religion als ein Marker für die Abgrenzung der *local community* und im weitesten Sinn als ein Marker für „Kultur" in einem Set von Strategien sein kann, wo situativ die religiöse oder die ethnische Komponente hervorgehoben wird. Dabei können religiöse Sphären säkularisiert und als Teil einer übergreifenden kulturellen Identität oder als eine Strategie für die Ethnisierung religiöser Gemeinschaften dienen. In multireligiösen Aufnahmegesellschaften entsteht ein geschärftes Identitätsbewusstsein und eine Notwendigkeit für Abgrenzungsmechanismen, und es kann fallweise ein Trend zu einer Homogenisierung religiöser Traditionen festgestellt werden (vgl. Baumann 1996).

---

[1] Vgl. beispielsweise Schiffauer (1999), Bowen (1987) oder Vertovec (1999).

[2] Darunter versteht man Mechanismen der Differenzierung und Distanzierung von Mitgliedern einer Gesellschaft. Oft ist damit eine Ausgrenzung bestimmter Bevölkerungsgruppen verbunden, um sie vom Zugang zu Ressourcen oder Machtdiskursen auszuschließen.

Jedoch nicht alleine Retraditionalisierung und Homogenisierung, sondern auch die Entstehung „neuer" religiöser Formen durch veränderte Bedingungen in den Residenzländern sind zu verzeichnen (vgl. Vertovec 1999, 21). Auf die Dynamik der Transformationen muss besonderes Augenmerk gelegt werden *„(what) we have to grasp is a diasporic duality of continuity and change (…) that [sic] actors constantly re-constitute and re-invent (or refuse to re-constitute) in diverse manners what is imagined as simply continuing"* (Sökefeld 2000: 23, in: Vertovec 2001, 17).

Religion ist kein fixes, sondern ein dynamisches Netz von „shared meanings", die in unterschiedlichen Formen und Kontexten verwendet werden. Dabei muss auf das Spannungsverhältnis zwischen individualisierten, informellen Praktiken und kollektiven, formalen Manifestationen ausreichend Rücksicht genommen werden (Levitt 2001, 4).

In manchen Aufnahmegesellschaften wird religiösen Bewegungen manchmal eine reaktionäre und provinzielle Einstellung vorgeworfen (vgl. Kopftuchdebatte im deutschsprachigen Raum). Van der Veer gibt zu bedenken, dass dies aber auch eine Form eines alternativen Kosmopolitismus sein kann, da die Beteiligten nach den Bedingungen in der Migration ein neues religiöses Verständnis entwickeln, sich in einem neuen Umfeld mit vielen anderen Religionen auseinandersetzen müssen und in Kontakt mit transnationalen Kommunitäten stehen.

Aufgrund unterschiedlicher nationaler Kontexte und verschiedener Organisationsstrukturen religiöser Gemeinschaften sind eine Reihe von Strategien festzustellen, um die religiösen Vorgaben im Alltag umzusetzen, die von einer Retraditionalisierung bis zur Ausverhandlung neuer Praxen reichen (vgl. Vertovec 2001: 19). Mehrfach wurde auf die besondere Rolle der Frauen in der Entstehung von (religiösen) Gemeinschaften hingewiesen. Erst durch den Familiennachzug entsteht die Notwendigkeit von Religionsunterricht, von religiösen Institutionen oder die Anwendung von familienrechtlichen Vorgaben. Es wird dabei zunehmend die sich wandelnde Position von Frauen festgestellt, die in der religiösen Alltagspraxis wie auch in der Organisation religiöser

Gemeinschaften vermehrt Schlüsselrollen einnehmen können (vgl. u.a. Vertovec 1999). Mehrere Studien haben gezeigt[3], dass für die nächste Generation die religiöse Orientierung der Eltern eine wichtigere Quelle für Identifikation und Beziehung sein kann, als deren ethnische oder nationale Zugehörigkeit.

Transnationale religiöse Netzwerke existieren aber nicht isoliert und solitär, sondern sind eines von vielen möglichen Netzwerken, die unterschiedlich verknüpft sind und beispielsweise mit politischen Orientierungen, mit verwandtschaftlichen oder familiären Netzwerken, mit ethnopolitischen Bewegungen interagieren wie auch auf rechtliche Vorgaben und politische Möglichkeiten in den Residenzländern reagieren.

Verglichen mit anderen Ländern der Europäischen Union nimmt Österreich eine Sonderstellung in der rechtlichen Handhabung von Religionszugehörigkeit ein. Dies basiert auf der multireligiösen Bevölkerungszusammensetzung in der Österreichisch-Ungarischen Monarchie. Heute wird in Österreich zwischen gesetzlich anerkannten Religionsgemeinschaften und staatlich eingetragenen religiösen Bekenntnisgemeinschaften unterschieden. Derzeit sind 14 Kirchen/Religionsgemeinschaften gesetzlich anerkannt und zehn gelten als staatlich eingetragene religiöse Bekenntnisgemeinschaften.[4]

Im Zuge der Annexion von Bosnien-Herzegowina durch die österreichisch-ungarische Monarchie, wurde den bosnischen Muslimen 1912 der Status einer Religionsgemeinschaft zuerkannt. 1979 wurde der Islam als Körperschaft vollständig anerkannt (alle vier sunnitischen Rechtsschulen und der schiitische Islam). Derzeit leben rund 350.000 Muslime in Österreich – einen großen Prozentsatz machen die Zugewanderten aus der Türkei aus, deren Moscheenvereine, religiöse Initiativen und Organisationen meist einem türkischen Dachverband angehören (vgl. Kroissenbrunner 2000, 263f.). Muslime in Österreich wie auch

---

[3] e.g. Baumann 1996, Levitt, 2001

[4] http://www.help.gv.at/Content.Node/82/Seite.820100.html [Stand: 07.05.2009, Zugriff: 02.08.2009]

in Europa haben unterschiedliche Orientierungsmöglichkeiten, neben der Möglichkeit sekulär zu leben, engagieren sie sich in ethno-religiösen oder sozio-kulturellen Organisationen. Das religiöse Selbstverständnis kann sich auf moralisches und/oder rituelles Verhalten beziehen oder aber die Auseinandersetzung mit dem religiösen Dogma steht im Mittelpunkt (vgl. Vertovec 2001, 34).

Wenig Aufmerksamkeit wurde bis dato den Differenzierungen innerhalb der islamischen Religionsgemeinschaft sowie kleineren Religionsgemeinschaften, die nur periphere Kontakte mit der islamischen Orthodoxie aufweisen wie auch mystischen Strömungen gewidmet. Für demographisch kleinere Religionsgemeinschaften haben transnationale Verflechtungen eine besondere Relevanz, deshalb soll hier kurz auf die Herausbildung eines europaweiten Netzwerkes von türkischen und kurdischen AlevitInnen eingegangen werden, das nicht allein zu einer Veränderung des Selbstverständnisses in der Migration beitrug, sondern auf die alevitische Bewegung in der Heimat rückwirkte (vgl. Sökefeld/Schwalgin 2000). AlevitInnen in Österreich sind in mehreren Vereinen und in dem seit 1991 bestehenden Dachverband (Föderation der Aleviten Gemeinden in Österreich, *Avusturya Alevi Birlikleri federasyonu* – AABF) organisiert. Aufgrund der jahrhundertelangen Verfolgungen im Herkunftsland war es lange eine in sich sehr heterogene Geheimreligion. Älteste und charismatische religiöse Meister (türk. *dede, hoca*) haben einen großen Einfluss und mittlerweile gibt es in Mitteleuropa ein Netz von *dedes*, die ihre Gemeinden betreuen und zwischen den einzelnen Städten zirkulieren (vgl. Sökefeld/Schwalgin 2000). Die Bedingungen in den mitteleuropäischen Residenzländern bewirkten eine Transformation der Religionsgemeinschaft, die unter anderem die öffentliche Performance von über jahrhundertelang nur im Geheimen praktizierten Riten erlaubte. Die Möglichkeit sich in der Öffentlichkeit zum Alevitentum zu bekennen, bewirkte eine neue Dynamik im Selbstverständnis und in den multiplen Identitätskonstruktionen türkischer und kurdischer AlevitInnen in den Migrationsländern wie auch im Herkunftsland.

Auch der Yezidismus, deren Anhänger ausschließlich Kurden sind, war über Jahrhunderte eine Geheimreligion, die islamisch-sufistische Traditionen wie auch zoroastrische, christliche und jüdische Religionselemente beinhaltet. Verfolgungen seitens der muslimischen Mehrheitsbevölkerung lösten Emigrationswellen aus der Türkei aus, weshalb derzeit die yezidische Gemeinde in Deutschland zu den demographisch nach jenen im Irak und Armenien zählt. Junge Yeziden fordern heute eine Öffnung der Religionsgemeinschaft um ein Überleben der Religion in der Transnation zu sichern. Sie setzen sich intensiv mit religiöser Doktrin auseinander, tauschen sich in Internetforen aus und kritisieren strenge, in der Migration kaum einzuhaltende Heiratsvorschriften.

Bei all diesen Erscheinungsformen darf nicht vergessen werden, dass religiöse Zugehörigkeit und Bekenntnis in den multiplen Identitätskonstruktionen auch Transformationen unterworfen sind und je nach Situation unterschiedlich betont werden. „Multiple Identitäten sind die individuelle und/oder kollektive Antwort auf Interaktionen je nach Zeit, Raum und gesellschaftlichem Rahmen und auf Kontexte, die sich verändern und letztlich eine Verschiebung von Positionierungen und Interessen zur Folge haben (Steiner 2009).

Multiple, fluide Identitätskonstruktionen basieren nicht alleine auf ethnischer, nationaler und/oder religiöser Zugehörigkeit, sie sind sicherlich eine Reaktion auf eine Politik des Ausschlusses, eines „othering", aber wie Strasser (2009) es ausführt, Ausdruck dessen, wohin man sich zugehörig fühlt oder fühlen möchte (*belonging*) und welche Möglichkeiten die Residenzgesellschaft dafür bietet.

Bibliografie

Allievi, Stefano / Nielsen, Jørgen S. (2003): Muslim Networks and Transnational Communities in and across Europe. Leiden: Brill.

Baumann, Gerd (1996): Contesting Culture: Discourses of Identity in Multi-Ethnic London, Cambridge: Cambridge University Press.

Bowen, John R. (2004): „Beyond Migration: Islam as a Transnational Public Space". Journal of Ethnic and Migration Studies 30,. 879-894.

Chen, Carolyn (2001): The Religious Varieties of Ethnic Presence: „A Comparison Between a Taiwanese Immigrant Buddhist Temple and an Evangelical Christian Church." Paper Presentedat Fellows Conference, Institute for the Advanced Study of Religion, Yale University, May 2001.

Göle, Nilüfer / Amman Ludwig / Hrsg. (2004): Islam in Sicht. Der Auftritt von Muslimen im öffentlichen Raum. Transkript-Verlag, Bielefeld.

Kroissenbrunner, Sabine: *Soziopolitische Netzwerke türkischer MigrantInnen in Wien – eine (fast) ungeschriebene Geschichte,* in: Zeitschrift für Türkeistudien 2/2000, 13. Jahrgang, S. 259- 272.

Levitt, Peggy (2001): Between God, Ethnicity, and Country: An Approach to the Study of Transnational Religion. WPTC – 01 – 13.

Ders. (2003): You Know, Abraham Really Was the First Immigrant: Religion and Transnational Migration. In: International Migration Review 37, 847-73.

McLoughlin, Seán (2005): Migration, diaspora and transnationalism. Transformations of religion and culture in a globalizing age. In: John R. Hinnells (Ed.): The Routledge Companion to the Study of Religion. Oxon. 526 – 548.

Schiffauer, Werner (1999): Islamism in the diaspora: The fascination of political Islam among second generation German Turks. ESRC Transnational Communities Programme, WPTC-99-06.

Sökefeld, Martin / Schwalgin, Susanne (2000): Institutions and their Agents in Diaspora. *Transnational Communities Working Papers Series*, WPTC-2K-11, Oxford. (WPTC = Working Paper of Transnational Communities. Research programm at the Univ. of Oxford / http://www.transcommox.ac.uk/ working _papers.htm).

Steiner, Martina (2009): Interkulturelle Kompetenz aus anthropologischer Perspektive. In: Six-Hohenbalken, Maria / Tošic, Jelena: Anthropologie der Migration. Facultas, Wien.

Strasser, Sabine (2009): *Bewegte Zugehörigkeiten: nationale Spannungen, transnationale Praktiken und transversale Politik,* Turia und Kant.

Van der Veer, Peter (2001): Transnational Religion. In WPTC – 01 – 18.

Ders. (1995): Nation and Migration. The Politics of Space in the South Asian Diaspora. Philadelphia: Univ. of Penn. Press.

Vertovec, Steven (1999): Three meanings of 'diaspora', exemplified among South Asian religions. In: Diaspora 7(2) and http://www.transcomm. ox.ac.uk /working%20papers/diaspora.pdf [1.7.2005].

Ders. (2001): Religion and Diaspora. WPTC- 01 – 01.

Abschnitt 3

Statements zur Podiumsdiskussion: Globalisierung – Kulturelle Identität Kunst – Integration

Stella Asiimwe

Identitätsfindung im Zeitalter der Globalisierung

Die Diskussion über das Zeitalter der Globalisierung wird oft vom Blickwinkel der Wirtschaft und Technologie aus geführt. Aber nicht nur Wirtschaft, Politik und Technologie stehen in Zusammenhang mit der Globalisierung, sondern auch solche Schlagwörter wie Zuwanderung, multikulturelle und multireligiöse Gesellschaft, Migration, Integration und andere mehr. In der heutigen Welt reisen sehr viele Leute herum. Durch ihre Reiseziele werden sie mit neuen Kulturen und Religionen konfrontiert. Schon im Flugzeug bekommt man von der Stewardess eine unbekannte Speise serviert. Menschen ziehen heutzutage oft und aus den verschiedensten Gründen in neue fremde Länder. Zum Beispiel wegen des Studiums, wegen der Forschung oder auch wegen der Arbeit. Manchmal bleiben sie lange dort und müssen ihre Familien nachholen. Manchmal werden neue Familien gegründet. Wie passen sich die AusländerInnen der neuen Kultur an? Übernehmen sie eine ganz neue Identität? Sollte die Anpassung aus Angst, die eigene Kultur zu verlieren, vermieden werden? Gibt es wegen der Vernetzung der Welt und der Technologie der Medien nur noch eine homogene „Weltkultur"?

Globalisierung und Kultur

Unter Globalisierung wird die Veränderung der Weltwirtschaft verstanden, die zu mehr länderübergreifenden Transaktionen führt. Auch im kulturellen und gesellschaftlichen Bereich findet eine Globalisierung statt. Beispielsweise werden heutzutage viele Produkte in den westlichen Industrieländern kaum noch hergestellt, sondern nur noch in China und anderen Billiglohnländern. Hierzu zählen zum Beispiel Produkte wie Textilien und einfache Spielzeuge.

Eine weitere Definition von Globalisierung bezieht sich mehr auf die Kultur: „Jenseits politischer Stellungnahmen lässt sich Globalisierung als die raum-zeitliche Ausdehnung sozialer Praktiken über staatliche Grenzen, die Entstehung transnationaler Institutionen und Diffusion kultureller Muster beschreiben" *(Klaus Müller, Globalisierung, 2002).*

Man redet im Zeitalter der Globalisierung oft von dieser Diffusion kultureller Muster und Praktiken. Davon, dass Unterschiede zwischen den Kulturen zerstört werden und dass die Welt immer homogener wird. Schuld daran soll unter anderem die so genannte „Kulturindustrie" sein. Durch die Vernetzung der Welt, die mit der Globalisierung einhergeht, hat fast jeder Zugang zu einem Fernseher. Im Fernsehen laufen Produktionen wie Serien und „Soapoperas", die für die Massen auf der ganzen Welt verfilmt werden. So kommt es, dass die kulturellen Muster in den Serien überall aufgenommen werden und die Welt scheint so eine homogene Kultur bekommen zu haben.

Es existiert aber nicht nur eine Kulturindustrie, sondern zeitgleich auch eine post-moderne Kultur. Die beiden Phänomene widersprechen sich, denn im Gegensatz zum dargestellten Universalismus der Welt durch die Kulturindustrie, wird die Postmodernität durch ein scheinbar kaputtes universalistisches Wertesystem und die Emergenz pluralistischer Wertesysteme charakterisiert. Werden also indigene Kulturen ausgelöscht? Sollten sie davor geschützt werden? Joana Breidenbach und Ina Zukrigl (Tanz der Kulturen) reagieren auf diese Situation mit einem Konzept der Globalkultur, einer im Entstehen begriffenen neuen Realität, die sich als eine Reaktion auf einen Universalismus versteht, der die Fragmentierung der Moderne als eine Gefährdung der Menschheit ansieht. Das Paradox am Ende des Jahrhunderts lautet: „Die Welt wird zum einen immer ähnlicher, zum anderen immer unterschiedlicher" (Breidenbach und Zukrigl, 1998. S. 93). Jenseits des Denkens in Oppositionen bilden sich kulturelle Eigenheiten vor dem weltumspannenden Szenario der Einheitskultur heraus.

Es ist daher wichtig, den Begriff Kultur zu überdenken und ihn nicht nur von seinen Ursprüngen her zu definieren, sondern vielmehr als Produkt der Beziehungen. Denn durch die Vernetzung der Welt und der Kontakte, die daraus entstehen, entsteht auch eine neue Vielfalt von Kulturen.

Identität, Identitätssuche und Identitätsfindung

Jeder Mensch fragt sich mal, wer er ist und wo er hingehört. Und die Antwort auf diese Frage liefert wohl einen Einblick in die Identität des jeweiligen Menschen. Aber was Identität ist, kann nicht kurz und eindeutig beantwortet werden, denn auch die Wissenschafter haben vielfältige Ansätze zu diesem Thema. Bezug nehmend auf George Herbert Mead und Erik Erikson gibt es zwei Seiten zu der eigenen Identität. Erstens die Seite der individuellen Identität: Jene der besonderen Erfahrungen, Eigenschaften und Überzeugungen eines bestimmten, sich von anderen unterscheidenden Individuums, auch persönliche Identität genannt. Diese individuelle Identität geht davon aus, dass man sich wie im Spiegel selbst erkennen und sich in seinen Handlungen wieder finden kann. Zweitens haben wir die Seite der sozialen Identität. Dies bedeutet, dass die Umwelt und das Verhalten eines Menschen in seinen verschiedenen Lebensbereichen (Familie, Beruf, Freizeit) miteinander vereinbart werden können. Diese Art der Identität beinhaltet also Aspekte der Persönlichkeit, die aus der Zugehörigkeit zu Bezugsgruppen bzw. der Einordnung in soziale Kategorien hervorgehen (Schäfers u. Scher 2005).

Die eigene Identität zu suchen und zu finden ist eine Sache, die nicht so direkt strukturiert stattfindet. Es handelt sich vielmehr um ein spielerisches Herantasten, ein Ausprobieren und Verwerfen von unterschiedlichen Modellen und Rollen. „Die Identitätssuche erfolgt in Auseinandersetzung mit sozialen Vorgaben, Normen und Erwartungen und darauf bezogen als mehr oder weniger geradlinige Übernahme oder aber auch als Distanzierung und Kritik gegenüber Identifikationsangeboten. Solche Auseinandersetzungen, etwa mit eigenen oder medialen Vorbildern, können als gezieltes Nachdenken über das eigene Selbstverständnis erfolgen" (Schäfers u. Scherr 2005, S. 91f.).

Bei der Identitätssuche sind „Bezugspersonen" sehr wichtig. Diese sind laut Gurkenbiehl (1999) dadurch charakterisiert, dass an ihnen Handeln und Vorstellen, Motive und Einstellungen, Urteile und Vorurteile der Individuen orientiert sind. Wenn wir noch jung sind, sind unsere Bezugspersonen unsere Eltern. Doch je älter wir werden, desto weiter wird der Einfluss der Eltern zurück gedrängt. Da spielen die Medien eine große Rolle, besonders bei Jugendlichen, weil sie bei medialen Bezugspersonen Orientierung für bestimmte Teile des gesamten Rollenspektrums der Bezugsperson suchen. Man himmelt einen Star an, redet darüber mit Freunden, kauft Posters, sinkt immer wieder in die parasoziale Interaktion mit ihm hinein, „kennt" ihn, „spricht" mit ihm und wird selbst der Star, indem man beispielsweise ein Trikot mit dem Namen seines liebsten Fußball-Stars trägt und sich in dessen Rolle hinein versetzt. Aber dann wiederum wird der Star nur von dieser einen Seite beobachtet, man baut eine Distanz zwischen sich selbst und dem Star auf. Aber dennoch prägen uns die von der Familie vermittelten Werte und Verhaltensweisen für das Leben – sofern diese glaubhaft vermittelt wurden. Und wir bauen darauf auf, indem wir Mitglieder von verschiedenen Gruppen werden.

Im normalen Leben verstehen wir uns dann natürlich als Mitglieder einer Vielzahl von Gruppen, denen wir angehören. Die Staatsangehörigkeit, der Wohnort, die geografische Herkunft, das Geschlecht, die Klassenzugehörigkeit, politische Ansichten, der Beruf, die Arbeit, Essgewohnheiten, sportliche Interessen, der Musikgeschmack, soziale Engagements: Alle diese Aspekte machen uns zu Mitgliedern einer Vielzahl von Gruppen. Diese Gruppen wiederum prägen unsere Identität, oder sie vermitteln uns eine potentielle Identität. Immer wieder müssen wir sogar entscheiden, welche Identität wichtiger oder bedeutsamer ist und welche nicht. Dazu brauchen wir unsere Vernunft. Oft sind der Kontext einer Situation und die äußerlichen Einflüsse wichtig für diese Entscheidung. Zum Beispiel: Ich bin Afrikanerin, österreichische Bürgerin, Sportlerin, Frauenrechtsaktivistin, Mutter, Protestantin und ich esse nur asiatisch. Bei einer Frauenrechtsveranstaltung ist meine Identität als Frauenrechtsaktivistin viel wichtiger als meine Identität als Protestantin. Und umgekehrt ist, wenn ich in die Kirche gehe, meine Identität als Protestantin bedeutsamer als meine Identität als Frauenrechtsaktivistin.

Allgemein gesehen sollte die Frage nach der Identität nicht nur mit Herkunft oder Ursprung beantwortet werden, sondern auch mit den anderen dargestellten Aspekten, wovon der Mensch ein Teil ist. Nobelpreisträger Amartya Sen sieht dies in seinem Buch „Die Identitätsfalle" genau so und kritisiert die Festschreibung von Identitäten. Für Sen ist dieses Festnageln vor allem eine Quelle des Konflikts und der Gewalt. Und so will er zeigen, dass Menschen nicht eine feste Identität haben, sondern dass Identität nur im Plural zu denken und dazu im steten Wandel begriffen ist. Kein Mensch ist nur Muslim oder Hindu, er bzw. sie ist auch Frau oder Mann, hat Kinder oder nicht, politische Überzeugungen, eine eigene Biografie oder auch eine bestimmte Schuhgröße, die ihn mit anderen Menschen verbindet oder eben nicht. Diese anderen Eigenschaften, die zum Menschen gehören – abgesehen von seiner Herkunft – sind teilweise neue Realitäten, die durch unseren Kontakt mit verschiedenen Kulturen entstehen. So insistieren Breidenbach und Zukrigl mit ihrem Begriff des Referenzsystems auf dem spielerischen und identitätsstiftenden Charakter von Kultur: Das „animal symbolicum" Mensch benötigt das System Kultur, um sich als Individuum artikulieren und seiner Identität Form geben zu können. In diesem Zeitalter der Globalisierung kann die Vielseitigkeit der kulturellen Identität des Menschen einfach nicht vermieden werden. Kulturen sind immer im Wandel und auch Teile unserer Identitäten: durch unsere Begegnungen mit anderen Menschen.

Bibliografie

http://www.globalisierung-infos.de/definition.html bzw. *Klaus Müller* (2002): Globalisierung. Eine Einführung. Campus-Verlag, Bonn.

Sen, Amartya (2007): Die Identitätsfalle. Warum es keinen Krieg der Kulturen gibt. 3. Auflage. Verlag C.H. Beck oHG, München.

Breidenbach, Joana / Zukrigel, Ina (1998): Tanz der Kulturen. Kulturelle Identiät in einer globalisierten Welt. Verlag Antje Kunstmann, München.

Gurkenbiehl, Hermann L. (1999): Bezugsgruppen. In B. Schäfers (Hrsg.) Einführung in die Gruppensoziologie. Wiesbaden: VS Verlag für Sozialwissenschaften.

Schäfers, Bernhard / Scherr, Albert (2005): Jugendsoziologie. Einführung in die Grundlagen und Theorien (8. Aufl.). Wiesbaden: VS Verlag für Sozialwissenschaften.

Carlos Toledo

Dezentrale Identität

Ich solidarisierte mich schon früh mit der Forderung nach den sozialen und kulturellen Rechten der Minderheiten in Guatemala, wo 60 bis 70 Prozent der Bevölkerung Menschen indigener Herkunft sind, was bedeutet, dass diese „Minderheiten" insgesamt eine Mehrheit bilden. Kulturell gehöre ich allerdings keiner dieser Bevölkerungsgruppen an. Meine Muttersprache ist Spanisch, meine Religion katholisch – Sprache und Religion der ehemaligen Kolonialmacht.

1991 kam ich im Alter von 26 Jahren nach Wien. Meine Beziehung zum Afro-Asiatischen Institut hat ihren Ursprung in meiner Sehnsucht nach einer neuen „Identität". Auf der Suche nach Orten der Auseinandersetzung mit der Kolonialgeschichte Europas (und der postkolonialen Geschichte der *„Dritten Welt"*) stieß ich als Student auf das Afro-Asiatische Institut. Das Afro-Asiatische Institut (in Zusammenarbeit mit der Katholischen Frauenbewegung Österreichs) war und ist die einzige Institution in Wien, die Stipendien für KunststudentInnen aus Lateinamerika vergibt. Hier wurde mir aber auch jene Diskussion geboten, die mir zu einer politischen Identitätsfindung verhalf.

Wenn man der Überzeugung ist, dass möglichst viele Menschen glücklich leben sollten, sind diejenigen Identitäten zu relativieren, die einen ausgrenzenden Charakter haben. Im Zuge meiner (entwicklungs-)politischen Fragestellungen fand ich eine neue „Identität". Allerdings nicht in der Differenz, sondern vielmehr in einem strategischen Universalismus. Dieser ist konträr zu manchen Positionen meiner Familie oder meiner Nachbarschaft in Guatemala Stadt, konträr zu den Positionen, die in den Kreisen meiner ehemaligen SchulkollegInnen eingenommen werden. Das bedeutet, dass er im Widerspruch zu meiner eigentlichen

Herkunft steht. Unter anderem kam mir der Name Lateinamerika ausschließend vor, da er die Sprache der Mehrheit hegemonial setzt. In diesem Prozess entstanden neue Freundschaften, auch in Guatemala, die mir Tore zu Politik und Kultur öffneten, wodurch ich Mittelamerika besser kennenlernte und mich stärker in dieser Region der Welt zu Hause fühlte als zuvor.

In Wien studierte ich Grafikdesign an der Universität für angewandte Kunst in Wien. Mein Wunsch war es, das Kulturelle zu politisieren, d.h. mit Hilfe von Texten Bildern Kraft zu verleihen. Am Anfang meines Studiums setzte ich mich verstärkt mit entwicklungspolitischen Themen auseinander. Der Kalte Krieg war gerade zu Ende gegangen, Westeuropa hatte einen Feind weniger, Osteuropa eine Diktatur weniger – und die „Dritte Welt" eine Hoffnung weniger. Die Politik änderte sich und damit auch unser Status: Aus „ausländischen" StudentInnen wie mir wurden nun „MigrantInnen". Entwicklungspolitik setzte sich in der Folge stärker mit dem Thema Migration auseinander. Meine Diplomarbeit im Jahr 1996 war eine Wandzeitung zum Thema Migration unter dem Titel *„Migration ist"*.

Aber nicht nur als Student und Stipendiat war ich mit dem Afro-Asiatischen Institut verbunden, sondern auch über die AAI-Galerie. Es scheint mir interessant, ihre Geschichte und meine Beziehung zu dieser im Bezug auf das Thema Multikulturalität und Identität zu besprechen. Die AAI-Galerie wurde 1984 gegründet. Sie trug den Namen „AAI-Galerie Karl Strobl", nach einem der Mitbegründer des Afro-Asiatischen Institutes. Veränderungen in der Leitung des Institutes hatten immer auch Folgen für die Galerie. Über die ersten Jahre weiß ich wenig, und bisher hat sich niemand die Mühe gemacht, die Geschichte der AAI-Galerie zu schreiben.

Susan Poigenfürst leitete die AAI-Galerie von 1993 bis 1999. Die Galerie war damals der einzige (nicht kommerzielle) Kunstraum in Österreich, der mit Geldern aus der Abteilung für Entwicklungszusammenarbeit im Außenministerium gefördert wurde. Poigenfürst hat sicher viel dazu beigetragen, dass die AAI-Galerie zu einem Ort der „Künstler-Community aus der *Dritten Welt*" wurde. Es gab lange Wartelisten von KünstlerInnen, die gerne dort ausstellen wollten. Voraussetzung für das Ausstellen war die Herkunft der KünstlerInnen: außereuropäische KünstlerInnen bzw. Themen aus der *„globalen Welt"*. Vielfalt war Programm. Aber der Multikulturalismus, dessen Ursprünge in den 60er-Jahren liegen, wurde damals immer mehr hinterfragt und als undifferenzierter Diskurs kritisiert, der nicht nur Zuschreibungen mit sich bringt, sondern auch die (moderne) Mehrheitsgesellschaft polarisiert und damit zu einer migrationsfeindlichen Stimmung beiträgt.

1994 stellte ich in der AAI-Galerie aus. Meine Ausstellung trug den Titel „Kunstflüchtling": Ein flüchtiges Plakat (16 Bögen) mit dem „Manifest der Flüchtlingspartei" flüchtete am Tag der Nationalratswahlen durch Wien und fand Zuflucht in der AAI-Galerie. Damit wollte ich auf den Kunstbetrieb aufmerksam machen, der, wie das Kapital, von der Peripherie in die westlichen Metropolen fließt. Identität ist immer auch das Resultat eines ökonomischen Verhältnisses.

1999 beschloss Werner T. Bauer, damals der Bildungsreferent im Afro-Asiatischen Institut, das Programm der AAI-Galerie umzugestalten. Seine Idee war es, semesterweise GastkuratorInnen für die AAI-Galerie zu bestellen. Ich bewarb mich mit der Gruppe „Dezentrale Kunst" für das Wintersemester 1999/2000. Eva Dertschei, Ulrike Müller und ich durften den Raum dann vier Monate lang bespielen. Wir organisierten drei Ausstellungsprojekte unter dem Titel „art: austria: immigration". Da wir wollten, dass der Raum weiterhin von der außereuropäischen immigrierten Community benutzt wird, entschieden wir uns für ein partizipatives Projekt. Kunst von MigrantInnen muss allerdings nicht immer politisch sein. Daher sollte der Raum an sich politisiert werden. Ein Raum gegen den akut wachsenden Rassismus sollte geschaffen werden. Wir eröffneten die AAI-Galerie im Februar des

Jahres 2000, im selben Monat, in dem die damaligen Nationalratswahlen zu einer rechtspopulistischen Regierungsbeteiligung führten. Alle teilnehmenden KünstlerInnen identifizierten sich mit der Idee einer politischen Galerie. „Österreich ist ein Einwanderungsland" war das Motto, das KünstlerInnen in ihren Forderungen an die Politik und somit in ihrer „Identität" bestärkte.

Im Sommersemester 2000 kuratierte Lucas Horvath den Raum unter dem Titel *„The Great Travelogue Swindle"* („Reiseberichtschwindel" aus aller Welt). Die Leitung des Afro-Asiatischen Instituts wechselte, und ab 2001 wurde die AAI-Galerie kommerziell geführt. 2005 übernahm das Weltcafé die Räume. Das Bildungsreferat des Afro-Asiatischen Instituts kuratiert die Kunst an den Wänden des Cafés und es werden fair gehandelte Produkte angeboten; insofern gibt es einen alternativen Diskurs. In Wien fehlt aber weiterhin ein politischer Kunstraum, der von der immigrierten Community für sich beansprucht werden könnte und der im Kunstbetrieb mitstreitet.

2006 stellte ein junger befreundeter Künstler aus Guatemala in der AAI-Galerie im Weltcafé aus. Er kommt aus kleinbäuerlichen Verhältnissen. Seine Mutter sprach K'iche, sein Vater Kaqchikel. Ich habe ihn erst in Wien kennengelernt und kenne mittlerweile auch seine Geschwister in Guatemala. 2004 setzte ich mich stark für seine Aufnahme an der Akademie der bildenden Künste Wien ein. Er wurde aufgenommen und wir kümmerten uns gemeinsam um seine Aufenthalts-genehmigung und ein Stipendium des Afro-Asiatischen Institutes bzw. der Katholischen Frauenbewegung Österreichs. Im Sommer 2009 wurde seine Diplomarbeit ausgestellt. Ein Triptychon von 3 großformatigen Bildern mit dem Titel *„La mama grande".* Eine Reflexion über Definition und Bedeutung der Familie in der Welt.

Özge Tomruk

„Work in progress" statt „Ich"

Verhaltensweisen und Muster, wenn einmal verinnerlicht und angeeignet, können als mehr oder minder verankert beschrieben werden. Rituale und Gewohnheiten verleihen oft Geborgenheit und Sicherheit, zumindest auf der emotionalen Ebene. Ist es aber der Fall, dass wir aus den Gewohnheiten bzw. „Traditionen" aussteigen/ausbrechen möchten, wird das Gefühl der Sicherheit zum Gefängnis mit „Sicherheitstrakt". Ein und dasselbe Ereignis kann dann gegensätzliche Erfahrungen auslösen.

Wenn Menschen sich als „work in progress" empfinden und ihre Identität dementsprechend nicht als starre Einheit annehmen, dann werden sie hin und wieder ihre Gewohnheiten aufgeben oder verändern können und wollen. Veränderung ist eng an die Möglichkeit geknüpft, Alternativen zu sehen, Entscheidungen zu fällen und eine Wahl zu treffen.

„Ich wähle etwas anderes." Leichter gesagt als getan. Grundsätzlich sollte im Leben eine Wahlmöglichkeit zur Verfügung stehen. Erst dann, bei vielen Auswahlmöglichkeiten, stehen wir vor der Problematik, „uns nicht entscheiden" zu können. „Wählen zu müssen" ist ein Dilemma. „Eine Wahl getroffen" zu haben, ist immer mit Verzicht verbunden. Um eine Veränderung erzielen zu können, sollte die Möglichkeit des Wählens vorhanden sein. Es wäre viel zu romantisch zu behaupten, alle Menschen hätten zu jeder Zeit selbst die Wahl, ihr Leben verändern zu können.

Die Konstellationen der Lebensverhältnisse verändern sich kontinuierlich und wir werden immer mehr aufgefordert, uns an diese Verhältnisse zu „gewöhnen". Der US-amerikanische Kultursoziologe Richard Sennett zeichnet in seinem Werk *Der flexible Mensch*[1] in diesem

---

[1] Sennett, Richard (1998): Der flexible Mensch, die Kultur des neuen Kapitalismus. Berlin-Verlag, Berlin.

Zusammenhang ein eher düsteres Bild. Einerseits wird heutzutage von Menschen in der Arbeitswelt verlangt, dass sie **flexibel, spontan** und **sensibel** reagieren. Andererseits werden wir durch die Gegebenheiten der Lebensbedingungen immer mehr „...von der physischen Stumpfheit bis zur geistigen Blindheit" anästhetisiert.[2] Weiters fragt Sennett: „Wie lassen sich langfristige Ziele in einer auf Kurzfristigkeit angelegten Gesellschaft anstreben? Wie kann ein Mensch in einer Gesellschaft, die aus Episoden und Fragmenten besteht, seine Identität und Lebensgeschichte zu einer Erzählung bündeln?"[3]

Gegenwärtig wird von vielen Seiten der Gesellschaft, Wissenschaft und Wirtschaft, der Eindruck erweckt, für die schwierigen Phasen des Lebens ließen sich stets schnelle und einfache Lösungen finden: Wellnesskur, Tabletten, ein neues Auto, Sex, Supervision, Esoterik, Kurztherapie und Seminare sind nur einige wenige Beispiele, mit denen der post-moderne Mensch umworben wird. Der Grundgedanke dabei ist die Illusion, dass Menschen sich jederzeit und fast aus freiem Willen verändern könnten.

„Fast schien es, als wären sämtliche Lebensziele umsetzbar und das Glück wäre mit Therapeutenhilfe und den entsprechenden Methoden schnell und einfach zu ‚gestalten'."[4]

Selbstgestaltung / Selbstinszenierung ist eine artifizielle Angelegenheit. Ich plädiere daher für Selbsterfahrung. Der erste Begriff beschreibt nur eine die Form betreffende Veränderung, während der zweite Begriff eine die Form und den Inhalt betreffende Veränderung umfasst.

„Ein Problem zu haben bedeutet, sich in einer für die gegenwärtige Entwicklung nicht passenden Identität aufzuhalten und eine der gegenwärtigen Entwicklung nicht adäquate Lebenshaltung einzunehmen.

---

[2] Welsch, Wolfgang (1998): Ästhetik und Anästhetik , in: Ästhetisches Denken , Reclam, Stuttgart. S. 10.

[3] Sennett, Richard (2000): Der flexible Mensch, die Kultur des neuen Kapitalismus. Berlin, Berlin-Verlag. S.31.

[4] Mary, Michael / Nordholt, Henny (2004): Change – Lust auf Veränderung. Lübbe, Bergisch Gladbach. S. 13.

Daraus folgt die scheinbar einfache Konsequenz: Verändere deine Lebenshaltung, dann verschwinden deine Probleme. Doch eine solche Aufforderung wäre mehr als grob verharmlosend. Seine Lebenshaltung zu verändern, gehört schließlich zu den schwierigsten Dingen im Leben des Menschen. Sie ist alles, worüber der Mensch verlässlich verfügt. Sie gibt ihm Identität, sie gibt ihm Orientierung, sie gibt ihm Halt. Das Leben in dieser Identität bedeutet Sicherheit und Normalität. […] Nun fordert eine bestimmte Entwicklung dazu auf, diesen sicheren Rahmen zu verlassen und die Lebenshaltung zu verändern. Zwar ist die gewohnte Haltung zu eng und sie behindert wie ein Korsett, aber der Mensch fürchtet gleichzeitig, in sich zusammenzufallen, wenn er dieses Korsett ablegt. Deshalb löst jede Aufforderung zur Veränderung unvermeidlich Angst aus!"[5]

Bei den meisten menschlichen Problemen ist es immer das Ich, das gestört ist. Aber das Ich repräsentiert nie den ganzen Menschen. Damit wird die Identifikation mit bestimmten Bewusstseinszuständen oder Persönlichkeitsanteilen ausgedrückt. „Womit auch immer ein Mensch sich identifiziert, wozu auch immer er ‚Ich' sagt, er ist weit mehr als dieses Ich. Das ‚Ich' bezeichnet stets nur einen Ausschnitt der Persönlichkeit. Es fungiert als Sprecher des Bewusstseins und drückt das aus, was ein Mensch zu sein glaubt – seine Identifikationen."[6]

Wenn die Identifikationen eines Menschen unter *Identität* zusammengefügt werden, können wir davon sprechen, dass Störungen und Probleme die Identität eines Menschen bedrängen.

Deswegen verzichten wir lieber darauf, uns als starre Einheit anzusehen und uns an unsere Identität zu klammern und unsere Probleme mit schnellen, vorübergehenden, materiellen Anästhetisierungs-methoden loszuwerden. Stattdessen könnten wir versuchen, uns auf unser/e Problem/Unterdrückung einzulassen und üben, mit ihm/ihr umzugehen. Wir erleben verschiedenste Gefühlszustände und erfah-

---

5 Mary, Michael / Nordholt, Henny (2004): Change – Lust auf Veränderung. Lübbe, Bergisch Gladbach. S.28-29.

6 Ebed.: S.19.

ren unterschiedlichste Erlebniswelten. Allerdings sind wir nicht die Erfahrung selbst. Ich empfinde ein Gefühl, das durch mich durchgeht. Ich brauche mich nicht damit zu identifizieren.

Wir haben aufgrund unserer ersten Erfahrungen als Kind bestimmte Lebenshaltungen erworben, die sich aus einer Persönlichkeitsstruktur, einer eigenen Identität, zahlreichen Identifikationen und somit einem individuell ausgeprägten Ich zusammensetzen. Für solche Lebenshaltungen verwendet Mary die Bezeichnungen „Innere Atmosphären" oder „Wahrnehmungskontexte". Diese können auf unterschiedlichste Art und Weise präsent sein. Selbstvertrauen, Minderwertigkeitsgefühl, Zuversicht, Hoffnungslosigkeit, Entspanntheit, Verspanntheit, Stärke, Schwäche, Klarheit, Verwirrtheit und weitere wirken sich entsprechend ihrer Konsistenz anders aus. Es ist leicht nachvollziehbar, dass ein Leben einen anderen Verlauf nimmt, wenn die Ereignisse aus einer selbstbewussten Haltung erfahren werden, statt aus einer Haltung der Minderwertigkeit.

Damit ist angedeutet, dass Lebens*erfahrungen* weder zufällig entstehen noch verallgemeinerbar sind, sondern im Gegenteil etwas sehr Individuelles darstellen, das mit konkreten Haltungen zusammenhängt, die wiederum bestimmte Wahrnehmungen zulassen und andere ausschließen.

„Die Wahrnehmungsforschung der letzten Jahrzehnte hat entschlüsselt, wie menschliche Erfahrung als individuelle Realität entsteht. [...] Eine Erfahrung ist etwas völlig anderes als ein Ereignis, denn erst indem Ereignisse individuelle Verarbeitungsprozesse durchlaufen, werden sie zu Erfahrungen verarbeitet. Ereignisse passieren, Erfahrungen aber werden gemacht, allerdings auf zutiefst unbewusste Weise."[7]

Immer mehr bestehe ich darauf, dass jeder seine Sätze mit *„ich habe bemerkt, dass"* bilden und *„man fühlt sich..."* besser loslassen sollte.

---

[7] Mary, Michael und Nordholt, Henny: Change – Lust auf Veränderung, Lübbe, Bergisch Gladbach 2004, S. 23.

Jeder hat seine Erfahrung und wir wissen nicht, wie es den anderen geht, selbst wenn wir ein Ereignis gemeinsam erlebt haben.

Um überhaupt zu unseren Erfahrungen zu gelangen bzw. sie zu gestalten, brauchen wir während des Wahrnehmungsprozesses ein Handwerkszeug, um die Ereignisse zu deuten. Der Dienst der Deutung besteht darin, Sinn im Wahrgenommenen zu finden. Der Sinn eines Ereignisses entsteht nicht automatisch, sondern erst wenn wir das betreffende Ereignis in einen bestimmten Kontext stellen. Welchen Sinn hat ein rotes Tuch? In unterschiedlichen Kontexten hat es einen unterschiedlichen Sinn oder vielleicht gar keinen Sinn. Nicht die Wahrnehmung sondern der Zusammenhang bzw. der Kontext, in den etwas gestellt wird, bestimmt über seinen Sinn. Aus diesem Grund müssen wir unsere Wahrnehmungen in Deutungszusammenhänge einordnen, um zu einem Sinn zu gelangen.

Naturgemäß ordnen wir unsere Wahrnehmungen in die Kontexte ein, die wir zur Verfügung haben. Diese sind im Laufe unserer Biographie entstanden. Um sich in der Welt zurechtzufinden, entfaltet der Mensch eine Palette von Deutungskontexten, die auch als Lebenshaltungen bezeichnet werden können. Diese Lebenshaltungen entwickelt jede/r von uns unterschiedlich. Manchmal haben wir auch ähnliche Erfahrungen wie etwa mit Liebesbeziehungen, Arbeit, Freundschaft, Ehe, dem Umgang mit Kindern, mit uns selbst und der Welt.

Schlusswort

Religionen und ethische Grundwerte

In Anbetracht der globalen Herausforderungen und auch angesichts des Gründungsauftrags des Afro-Asiatischen Instituts in Wien (AAI-Wien) behandelte die vorliegende Sammelschrift die aktuellen Fragen nach den Begrifflichkeiten von Kultur und Identität, die zwangsläufig zur Rede über eine globale menschliche Koexistenz führt. Dies veranschaulichte Bhante Seelawanza in der abschließenden Podiumsdiskussion am 20. Oktober 2009, indem er sagte: „Es ist schön, wenn wir unseren jeweiligen Traditionen folgen, aber wichtig ist es, dass wir die Tradition des Anderen respektieren, so wie es ein Edikt von Ashoka* trefflich kundtut: Man sollte nicht nur seiner eigenen Religion und Tradition Ehre erweisen und die der anderen verdammen, sondern man sollte aus verschiedenen Gründen auch die Religionen und die Traditionen der anderen ehren. Wenn man so handelt, dann fördert man das Wachstum der eigenen Tradition, und dient zugleich den Traditionen der anderen. Handelt man nicht so, dann gräbt man der eigenen Tradition das Grab und fügt zugleich den anderen Traditionen Schaden zu. Wer immer seine eigene Tradition ehrt und andere Traditionen verdammt, mag er es auch in Ergebenheit seiner eigenen Tradition gegenüber tun und dabei denken, ich will meine eigene Tradition verherrlichen – wenn er so handelt, dann fügt er ganz im Gegenteil seiner Tradition schwersten Schaden zu. Daher ist Eintracht notwendig." Daran anknüpfend erörterte Universitätsseelsorger Helmut Schüller, „dass zweifellos Religion und Kultur die Identitätsbildung des Menschen beeinflussen. Zu verschiedenen Ergebnissen wird aber die Diskussion darüber führen, wie sich dieser Einfluss auswirkt. Das Spektrum wird von der Einschätzung von Religion und Kultur als für die Identitätsbildung förderlich, ja vielleicht sogar unabdingbar, bis zur

---

*) „Kaiser Ashoka, Kaiser der altindischen Maurya-Dynastie (ca. 273 v. Chr.–232 v. Chr). Maurya ist das Kernland des frühen Buddhismus.

eher kritischen Betrachtung reichen. Aber auch wenn ich den Einfluss von Religion und Kultur als grundsätzlich positiv für die menschliche Identitätsbildung einschätze: Wesentliche Voraussetzung dafür ist, dass eine Religion bzw. Kultur zum offenen, wertschätzenden Umgang mit anderen Religionen und Kulturen und zum Dialog mit diesen befähigt. Nur dann ist einerseits „Identität" gut grundgelegt und ausgewogen, sowie andererseits gesichert, dass Religionen und Kulturen zum Aufbau ihrer Gesellschaften und zu einer friedlichen Zukunft der Welt beitragen. Eine reale Basis dafür ist die umfassende Gemeinsamkeit der Religionen und Kulturen in den relevanten ethischen Grundwerten. Freilich bleibt immer auch die Option offen, Religion und Kultur für die Ausgrenzung und ein ‚Gegeneinander' zu instrumentalisieren. Solcherart herangebildete ‚Identität' definiert sich dann aus der Geringschätzung und Ablehnung anderer ‚Identitäten' heraus".

AutorInnen und Mitdiskutierende

Stella **Asiimwe**, geb. 1980 in Kampala, Uganda, freie Journalistin, studiert Publizistik und Kommunikationswissenschaften an der Universität Wien.

Espérance-François Ngayibata **Bulayumi**, geb. 1959 in Kinshasa in der Demokratischen Republik Kongo, Studium der Philosophie und Theologie in Kinshasa, Wien und Lausanne. Promovierter Philosoph, Bildungsbeauftragter am Afro-Asiatischen Institut in Wien. Lehrbeauftragung an der Universität Wien sowie am MA Lehrgang Geragogik (Kirchlich Pädagogische Hochschule Wien). Mehrere Publikationen auf den Gebieten Migration, Sterben und Sterbebegleitung sowie Politik in Zentralafrika.

Hakan **Gürses** geb. 1961 in Istanbul; Studium der Philosophie an der Universität Wien. Promovierter Philosoph, wissenschaftlicher Mitarbeiter der Österreichischen Gesellschaft für Politische Bildung, Lehrbeauftragter an der Uni Wien (Philosophie und Internationale Entwicklung) sowie Referent an der Donau-Universität Krems (universitäre MA-Lehrgänge Interkulturelle Kompetenzen und Politische Bildung).

Xiuli **Jiang**, geb. 1980 in der chinesischen Provinz Shandog, Pädagogin, Doktorandin an der Fakultät für Philosophie und Bildungswissenschaften der Universität Wien. Schwerpunkt: Die Bedeutung der erzieherischen Gedanken Konfuzius im heutigen China.

Christoph **Reinprecht**, Professor am Institut für Soziologie der Universität Wien. Intensive Forschungstätigkeit auf nationaler und europäischer Ebene sowie in Westafrika in den Bereichen politische Soziologie und Soziologie des kollektiven Gedächtnisses, Migration, Stadt und Prekarität. Aktuelle Forschungen zur Lebenssituation und sozialen Partizipation älterer ArbeitsmigrantInnen, zur Lebensbewältigung von Jugendlichen in prekärer Beschäftigung sowie zur Lebensqualität in benachteiligten Stadtregionen. Zahlreiche Publikationen.

Maria **Six-Hohenbalken**, geb. 1965 in Güssing, Studium der Ethnologie, Kultur- und Sozialanthropologie, Wissenschaftliche Mitarbeiterin am Institut für Sozialanthropologie der Österreichischen Akademie der Wissenschaften, Universitätslektorin. Forschungsgebiete: Migration, Transnationalismus- und Diasporaforschung, Anthropologie der Gewalt und Historische Anthropologie, Forschungen zu Kurden und Roma.

Helmut **Schüller**, geb. 1952, Pfarrer von St. Stephan in Probstdorf, Universitätsseelsorger der Katholischen Hochschulgemeinde Wien, Geistlicher Assistent der Katholischen Hochschuljugend Wien, Studierendenseelsorger und seit Herbst 2006 Geistlicher Assistent des Katholischen Akademikerverbands der Erzdiözese Wien.

Wijayaraja **Seelawansa**, geb. 1953 in Polonnaruwa, Sri Lanka, buddhistischer Mönch, lebt in Wien und ist unter anderem Lehrbeauftragter an der katholisch-theologischen Fakultät der Universität Wien, spiritueller Leiter des Dhamma Zentrums Nyanaponika in Wien und Europabeauftragter der Theravada Schule.

Carlos **Toledo**, geb. 1965 in Guatemala. Studium des Grafik-Designs an der Akademie der bildenden Künste Wien, lebt als Grafik-Designer und Künstler in Wien. Er ist Gestalter von Bildpunkt, Zeitschrift der IG Bildende Kunst.

Özge **Tomruk**, geb. 1975 in Istanbul, Studium und Promotion in Theaterwissenschaft, Genderforschung und Kommunikationswissenschaft an der Universität Wien. Forschungsaufenthalt in Berlin. Sie leitet theater- und medienpädagogische Projekte, Forumtheater-Workshops.

Hilde **Weiss**, geb. 1948 in Wien. Studium der Soziologie, habilitiert an der Sozial- und Wirtschaftswissenschaftlichen Fakultät der Universität Wien. Lehrtätigkeit auf dem Gebiet der empirischen Sozialforschung und soziologischen Theorien. Professorin am Institut für Soziologie der Universität Wien. Empirische Forschungsarbeiten und Publikationen auf den Gebieten Antisemitismus, ethnische Minderheiten, Nationalismus und nationale Identität in Ost-Mitteleuropa. Bücher und andere Publikationen über ethnische Stereotype und Ausländerklischees, alte und neue Minderheiten, Autoritarismus und Demokratie in Österreich; sowie Arbeiten auf dem Gebiet der soziologischen Theorien und des Theorienvergleichs.

Bettina **Zeugin**, geb. 1968 in Basel. Leiterin Fachstelle Migrationspolitik, Bereich Grundlagen, Caritas Schweiz. Studierte Geschichte, Kunstwissenschaft und Philosophie sowie Kulturmanagement an der Universität Basel. Anschließend verschiedene Tätigkeiten in Museen und als Wissenschafterin, arbeitet seit 2002 bei Caritas Schweiz.